文明互鉴

与

构建人类命运共同体

WENMING HUJIAN YU GOUJIAN

RENLEI MINGYUN GONGTONGTI

邢泽慧　著

天津社会科学院出版社

图书在版编目（CIP）数据

文明互鉴与构建人类命运共同体 / 邢泽慧著.
天津 ：天津社会科学院出版社，2024. 8. -- ISBN 978
-7-5563-1000-5

Ⅰ. G125

中国国家版本馆 CIP 数据核字第 2024UR1337 号

文明互鉴与构建人类命运共同体
WENMING HUJIAN YU GOUJIAN RENLEI MINGYUN GONGTONGTI

选题策划：吴　琼
责任编辑：杜敬红
装帧设计：高馨月
出版发行：天津社会科学院出版社
地　　址：天津市南开区迎水道 7 号
邮　　编：300191
电　　话：（022）23360165
印　　刷：北京建宏印刷有限公司
开　　本：710×1000　　1/16
印　　张：9.5
字　　数：128 千字
版　　次：2024 年 8 月第 1 版　　2024 年 8 月第 1 次印刷
定　　价：78.00 元

序　言

在人类漫长的历史中,战争、瘟疫、气候危机都曾对全球化造成重大冲击,甚至导致全球化的暂时性中断。如今全球化终结的讨论愈发热烈,无论是从国家间的科技竞争、军事对抗,还是文化分歧、价值冲突来看,全球化作为一种结构,无疑正在经历一场长期性、根本性的变革。全球化经过了三十多年的"超级化"发展,虽然其间因亚洲金融危机、美国次贷危机,以及全球突发公共卫生事件的深刻影响在发展速度上有所放缓,但其发展的脚步并未停歇。如今数字技术的发展更是给全球化以及各种文明的紧密联系提供了前所未有的机遇。

如何巩固全球化"韧性"是学界面临的重要课题——置身于这场变革之中,中国如何在"创造"和"破坏"中参与形成 21 世纪的新全球化体系?本书通过深入探讨文明的冲突与互鉴这一话题,以时代之变的视角回顾了西方文明衍变和中国的近代化之路,从而明确了"人类共同命运"这一主旨的历史底蕴和当代延伸。聚焦当下全球化面临拐点这一关键问题,从中国自身发展的现实需求、文化传承与吸纳等多方思考出发,层层深入解读"五个世界"总体路径,阐释构建人类命运共同体的文明意蕴。更为可贵的是,对于全球化的解读并未只是"眼光向外",本书作者注意到全球化内含的本国治理革新机遇,强调独立自主、共同利益、国家力量对于承担人类文明发展的现实意义。并且从共同安全、疫情防治、开放融通、人文交流等方面对中国探索实践进行解读,为读者理解人类命运共同体提供了现实情境。

我们应当反思,全球化的现实困境具有深刻的历史影响——全球供应链和产业链脱钩的背后是价值链的背离、贸易壁垒,产业回流的背后是资本利得的深层矛盾,全球环境灾难事件的背后是逃避治理成本,等等。有形的墙与无形的墙被高高筑起,对科技发展、全球气候与生态等公共议题的共识出现了巨大的裂缝,认识上的鸿沟正成为全球化的枷锁。我们也应当抱有希望,越来越多的区域间合作框架的搭建,能最大限度实现资源的优化配置;革命性新技术的发展,增强了供应链弹性和渠道的多元性;全球安全倡议的形成,给人类在应对极端天气和生态灾难等"危险共同体"时,提供了世界性的解决框架……

构建人类命运共同体是习近平外交思想的核心理念,是对"建设一个什么样的世界、怎样建设这个世界"给出的中国方案。可以说,共同体是人类生存的基本方式,也是实现人类文明繁荣的新路径。各国只有携手努力,在文明互鉴中化解各种治理赤字,积极构建普惠包容的全球化与公平合理的全球治理机制,才能超越阶级与意识形态等方面的限制,最终将人类重新构化为一体!

沈文辉

2024 年 8 月

目　录

导　论 ……………………………………………………… 1

第一章　时代变革之下人类文明的嬗变 ………………… 15

　　第一节　近代西方的文明变革 ………………………… 15

　　第二节　近代中国的文明选择 ………………………… 18

第二章　构建人类命运共同体的时代进程 ……………… 26

　　第一节　巨大变局之下人类社会的发展 …………… 26

　　第二节　构建人类命运共同体理念的发生与展开 ……… 35

　　第三节　构建人类命运共同体理念的中国选择 ………… 41

　　第四节　构建人类命运共同体理念的世界认同 ………… 44

第三章　构建人类命运共同体的文明意蕴 ……………… 46

　　第一节　探寻人类文明发展的进步方向 …………… 46

　　第二节　承担人类文明发展的时代责任 …………… 58

　　第三节　肩负人类文明延续的前途命运 …………… 64

第四章　构建人类命运共同体的全新探索 ················· 69

第一节　世界重大公共卫生事件防控新思路：

构建团结共进的卫生健康共同体 ············· 69

第二节　全球和谐稳定发展新方向：

构建安危共担的安全共同体 ················· 73

第三节　世界创新开放融通新选择：

构建普惠共赢的发展共同体 ················· 88

第四节　人文交流理念互通新模式：

构建文明互鉴的人文共同体 ················· 99

参考文献 ·· 128

后　　记 ·· 141

导　论

一、选题背景与价值

文明往往代表着社会发展中更深层次的内容,不同社会有着不同的文明底色,人类文明的发展更是伴随着人类社会历史的发展。从原始文明到农业文明,再到如今的后工业文明,不同的文明展现出不同的社会发展风貌,更成为不同社会发展时期的坐标。世界各地不同的地理环境、自然风貌形成了不同的文明体系,正是这种文明的差异性,令人类社会愈加丰富多彩。伴随着经济社会的发展,全球化程度逐渐加深,人类文明交流互鉴层次逐步递增。2023 年 3 月 15 日,习近平在中国共产党与世界政党高层对话会上发表主旨讲话,提出全球文明倡议,核心内涵是肯定文明的多样性、包容性、倡导文明和合共生、交流互鉴,目的是"促进各国人民相知相亲,共同推动人类文明发展进步"[①]。

当今世界面临百年未有之大变局,随着科学技术的突飞猛进,人类创造了丰富的文明成果,但也面临更大的生存挑战。地缘政治环境更加复杂,文明冲突话语此起彼伏,应以何种态度应对世界大变局、处理本体文明与世界文明的关系成为各国政府需要面对的话题。2014 年,习近平主席在联合国教科文组织总部发表历史性演讲,阐释了文明交流互鉴是人

[①]　习近平:《携手同行现代化之路——在中国共产党与世界政党高层对话会上的主旨讲话》,《人民日报》2023 年 3 月 16 日。

类进步和世界和平发展的重要动力,被国际舆论誉为"新文明观"面向世界、面向未来的"2014 文明宣言"。习近平主席于 2021 年提出全球发展倡议,于 2022 年提出全球安全倡议,于 2023 年提出全球文明倡议,这三大倡议正是应对世界之变、时代之变、历史之变的中国方案。文明因交流而精彩,因互鉴而丰富。在应对共同挑战、迈向美好未来之际,文明交流互鉴需要传承交相辉映的历史传统、秉持同向同行的发展思路、旨向和谐共生的人类期许,不断推动建设和平安宁、共同繁荣、开放通融的世界。

　　共同体是人类生存的基本方式。当今中国在充分吸收中华优秀传统文化的基础上,在充分借鉴人类优秀文明的前提下,创新性地提出人类命运共同体理念。人类命运共同体理念,超越了阶级与意识形态等各方面的限制,将人类重新构化为一体。习近平出席博鳌亚洲论坛 2015 年度会议并发表重要讲话,提出构建人类命运共同体必须坚持各国相互尊重、平等相待;必须坚持合作共赢、共同发展;必须坚持实现共同、综合、合作、可持续的安全;必须坚持不同文明兼容并蓄、交流互鉴。① 在人类文明发展视域下,中国以"和平、发展、公平、正义、民主、自由"等人类共同价值的核心内涵为人类命运共同体的构建注入全新活力,倡导各文明在对话中相互交流、相互借鉴、相互促进,共同抵制对其他文明的偏见和傲慢,以文化平等、包容互鉴的理性方式规避文明冲突带来的灾难。②

　　在现实的文明互动中,难免出现冲突,亦有文明"普世化"的声音出现。这种不同文明之间难以调和的现状,同样对人类命运共同体的构建形成了一定的风险。因此丰富习近平人类命运共同体理念的研究,探寻人类文明的冲突与共存,拓宽文明发展视野,着力探索人类命运共同体的建设路径,开发习近平人类命运共同体理念的人文价值具有重要的理论

---

　　① 中国国务院新闻办公室:《中国为构建美好世界描绘宏伟蓝图》,《光明日报》2023 年 10 月 3 日。

　　② 于洋:《人类命运共同体理念的建构历程及理论价值》,《西北师大学报(社会科学版)》2024 年第 2 期。

与实践价值。

二、研究现状与述评

(一)国内研究学术史梳理及研究动态

国内对人类命运共同体的论述主要是从国际事务(外交与国家安全)和国内事务两方面进行解读与阐述,也有部分学者概述了公共卫生与人类命运共同体构建之间的关系。

学界关于人类命运共同体的著作主要表现为多角度、多层次、多学科的阐述人类命运共同体的建构路径和价值意蕴。2018 年出版的《论坚持推动构建人类命运共同体》收入党的十八大以来习近平同志关于坚持推动构建人类命运共同体的文稿共八十五篇。有学者从经济全球化合作共赢的角度,在合作共赢中推动人类命运共同体建设研究。[1] 有学者从人类文明发展角度,通过哲学逻辑和历史逻辑阐释人类命运共同体。[2] 也有学者基于海外视域,高度关注海外研究动向,搜集整理来自海外学者对人类命运共同体理念多维解读的一手文献,对海外视域下人类命运共同体的理论渊源、提出动机、世界影响和认同挑战等方面进行爬梳。[3]

1.人类命运共同体国际事务方向研究

有学者从法学角度研究了"一带一路"倡议与法治创新、"一带一路"金融税收国际法律合作、"一带一路"贸易投资便利化法律、"一带一路"国家互通互联法律保障机制、"一带一路"国家能源安全和能源合作法律,以及"丝绸之路"环境保护与文化遗产法律等八个与"一带一路"相关

---

[1] 吴润生、杨长湧:《在合作共赢中推动构建人类命运共同体》,《中国发展观察》2018 年第 9 期。

[2] 张立文:《中国传统文化与人类命运共同体》,中国人民大学出版社 2018 年版。

[3] 夏金梅、李思远:《海外学者对人类命运共同体理念的多维解读》,《理论月刊》2024 年第 1 期。

的重大法学专题。① 有学者从国际经济关系的角度阐述了"一带一路"为构建人类命运共同体提供实践平台、"一带一路"为构建人类命运共同体提供内容解决方案、"一带一路"推动构建人类命运共同体的实践探索、"一带一路"倡议下构建人类命运共同体的推进路径。② 有学者围绕青年与和平、繁荣、开放、创新、文明五大主题,通过理论研究、访谈实录、实例展示等方式,呈现各国青年对"一带一路"倡议的认识与看法,从理论与实践两个方面揭示北京大学以及北大青年为构建"一带一路"青年命运共同体所做的努力与反思。③ 部分学者系统阐述了中国改革开放后中国的外交理论与实践。④ 有学者基于 21 世纪以来特别是党的十八大以来中国外交的一些新变化,深入阐释中国外交理念的若干创新,深刻理解中国外交布局的一些新变化,全面梳理中国对国际事务的参与及其承担的大国责任。⑤

2. 人类命运共同体思想的形成来源方向研究

国内学界从理论、实践和生成逻辑三方面对人类命运共同体的形成进行溯源。

理论渊源方面,一是从马克思主义理论角度。有学者从《共产党宣言》与人类命运共同体关系的角度指出,《共产党宣言》为人类命运共同体提供了理论支点,指明了人类命运共同体理念的实践路向,蕴含着人类命运共同体理念的理想愿景,是人类命运共同体理念的重要理论源泉;而人类命运共同体理念体现了《共产党宣言》的人类情怀,彰显了共产主义

---

① 刘冰、王瀚:《"一带一路"国际贸易便利化法律机制的现状、评价与发展路径》,《宁夏社会科学》2019 年第 1 期。

② 刘诗琪、胡必亮:《"一带一路"与人类命运共同体》,北京师范大学出版社 2022 年版。

③ 苏晖阳:《"一带一路"青年命运共同体》,商务印书馆 2018 年版。

④ 于洪君:《新时代中国特色大国外交的指导思想和总体布局》,《公关世界》2018 年第 7 期。

⑤ 罗建波:《中国能为全球话语体系建设贡献什么》,《当代世界》2016 年第 10 期。

理想的真谛,是对《共产党宣言》的创新与发展。① 有学者认为人类命运
共同体理念是对马克思恩格斯共同体思想的创造性运用与发展,党的几
代领导人为人类命运共同体奠定了深刻的思想基础。② 二是从中国文化
思潮发展角度。有学者认为,人类命运共同体通过文化构建实现自身思
想体系的丰富完善和新型文明体的塑造,儒家大同社会理想赋予其"天
下为公"的胸怀,仁爱精神的文化基因更是凸显了人民主体意识与和谐
相处之道;新民主主义革命文化内蕴启蒙、包容、科学、自由和民主的思想
理念,为人类命运共同体的构建提供了具有人类文明普遍意义的知识资
源;社会主义先进文化可追溯到"世界人民大团结"的价值理念,其从权
力话语、制度话语和发展话语多重维度标识出社会主义中国对人类解放
的责任与担当。③ 有学者认为,人类命运共同体理念蕴含着丰富的中华
优秀传统文化,汲取了"天下大同"社会观、"协和万邦"国际观、"以和为
贵"交往观、"兼容并包"文化观、"天人合一"自然观等中华优秀传统文化
内容并加以继承发展。④

　　在实践渊源方面。有学者指出,人类社会是一个在多样性基础上存
在内在关联的共同体,人类命运共同体的提出是在全球风险挑战下的自
我反思。⑤ 有学者从构建国际秩序的角度提出,人类命运共同体是对现
存国际秩序的反思,对国家交往关系合理性秩序的期盼。⑥ 有学者指出,

---

　　①　杜利娜、李包庚:《从"自由人联合体"到"人类命运共同体"——重读〈共产党宣言〉》,《苏州大学学报(哲学社会科学版)》2018 年第 39 期。

　　②　石云霞:《马克思社会共同体思想及其发展》,《中国特色社会主义研究》2016 年第 1 期。

　　③　刘同舫:《人类命运共同体文化构建的"母体"资源》,《山东社会科学》2024 年第 1 期。

　　④　李雅男:《人类命运共同体思想的中华优秀传统文化根源探究》,《世纪桥》2023年第 12 期。

　　⑤　周力:《人类命运共同话语下的人权促进与保障:中国的理念与经验》,《人权》2017 年第 2 期。

　　⑥　陈曙光:《培育多元主体共同参与社会治理》,《法制博览》2016 年第 30 期。

人类命运共同体理念是经济全球化背景下,发展中国家影响力上升,尤其是中国全球地位凸显的结果。[①]

生成逻辑方面。有学者从人类文明的演进过程阐析人类命运共同体的形成逻辑,认为人类与自然的关系是人类命运共同体生成的逻辑起点,人类文明进步是人类命运共同体生成的历史前提,现代科学技术成为推动人类命运共同体生成的新生力量,由于现代信息革命导致人类在时空维度中的生存状态发生深层次改变,人类社会必然发展成为你中有我、我中有你的命运共同体。[②]

3. 人类命运共同体的内涵研究

国内对于人类命运共同体的内涵进行了多角度、多层次阐释。有学者以文明发展和文明交往为主线,认为"马克思恩格斯关于人类文明发展、交往的理论,中国特色社会主义理论体系当中的文明交往理论和中华民族传统文化当中可借鉴的文明交往思想共同构成了命运共同体思想的源流并被赋予新的时代意义"[③]。有学者认为人类命运共同体与中国传统文化具有某些相通性,既适应了当今世界现实发展的需要,又显现了文化的一脉相承。[④] 有学者指出,人类命运共同体理念作为习近平外交思想与实践的核心和引领中国特色大国外交的一面旗帜,其生成经历了萌芽、形成和发展三个阶段,包含着利益共同体、价值共同体和责任共同体三个层次的基本内涵。[⑤] 有学者认为人类命运共同体理念有着丰富而深刻的内涵,集中体现为公正的国际权力观、可持续的发展观、包容互鉴的

---

① 薛力:《人类命运共同体:世界治理新方案》,《党建》2017年第4期。

② 陈立军:《从人类文明演进看人类命运共同体的生成逻辑》,《山东干部函授大学学报(理论学习)》2020年第6期。

③ 任思奇:《中国特色社会主义文明交往理论研究》,电子科技大学博士学位论文,2017年。

④ 金应忠:《从"和文化"到新型国际关系理念——兼论人类命运共同体意识》,《社会科学》2015年第11期。

⑤ 张永红、殷文贵:《论"人类命运共同体"对"霸权"与"均势"的超越》,《湖南工业大学学报(社会科学版)》2017年第22期。

文明观、合作共赢的利益观、共同协作的安全观,具有积极的共识基础与强烈的实践指向。① 有学者从创造人类文明形态叙事的角度出发,认为人类命运共同体本质是中国共产党胸怀人类的中国式社会文明形态,"孕育着建构一种以全体中国人民为中心的新型共同体,塑造一种以满足人民美好生活需要为价值追求的人类文明新形态"②。

4.人类命运共同体的价值意蕴研究

国内学者从历史、现实、未来三个角度阐述了人类命运共同体的价值意蕴。有学者认为人类命运共同体的价值观基础在于国际权力观、共同利益观、可持续发展观和全球治理观。③ 有学者认为,"从历史维度看,'人类命运共同体'是在摒弃传统'帝国'体制和极端'国族'认同基础上形成的一种新型文明观;从现实维度看,'人类命运共同体'是在扬弃西方'正义论'和继承中华优秀传统文化基础上形成的一种'正确义利观';从未来维度看,'人类命运共同体'是在超越'均势'和'霸权'两种国际秩序观基础上形成的一种新型国际秩序观。全球化视野下'人类命运共同体'三重维度的价值定位,昭示着中国作为一个以'人类命运共同体'为价值诉求的新型'文明型'国家的崛起"④。有学者指出,通过秉承人类命运共同体意识,构建公正、合理的新型国际关系,从而推动"中国梦"与"世界梦"的互通与双赢⑤。从国际视野出发,有学者指出,构建人类命运共同体是习近平新时代中国特色社会主义思想的重要组成部分,是国际格局的深刻变革呼唤全球治理的新方案,是历史必然性、实践自觉

① 王欣、高庆涛:《关于人类命运共同体理念探微》,《思想理论教育导刊》2016 年第 9 期。

② 冯起国:《人类文明新形态的共同体叙事》,《河池学院学报》2022 年第 42 期。

③ 曲星:《人类命运共同体的价值观基础》,《求是》2013 年第 4 期。

④ 徐艳玲、李聪:《"人类命运共同体"价值意蕴的三重维度》,《科学社会主义》2016 年第 3 期。

⑤ 董德福、苏雨:《"中国梦"与"世界梦"的相通与双赢——基于"人类命运共同体"理念的分析》,《江苏大学学报(社会科学版)》2018 年第 20 期。

性、理论创造性有机统一的时代产物。人类命运共同体是以"人"为主体的共同体发展到经济全球化时代的表现形态,包含了相互依存的利益共同体、和而不同的价值共同体、共建共享的安全共同体、同舟共济的行动联合体等基本内涵,具有主体多元化、价值包容性、层次多样性、关系复杂性、结构变动性等时代特征。① 有学者认为,在价值层面人类命运共同体观念体现真正的全人类价值:和平、发展、公平、正义、民主、自由",异于西方的普适价值。② 有学者认为构建人类命运共同体理念创造性回答了"时代之问""世界之问""人类之问",丰富和发展了马克思主义文明观、价值观、发展观,从内在关联、理论发展、实践发展、方法论启示等几个维度分析阐述了对新时代创造人类文明新形态作出的原创性贡献,蕴含着丰富且科学的方法论,必将成为推进中国式现代化建设、引领人类未来发展方向、创造人类文明新形态的方法论遵循。③

5. 人类命运共同体的践行路径研究

学界对于人类命运共同体践行路径是从宏观、微观两方面进行考察的,一是宏观规划,二是具体措施。有学者认为,人类命运共同体致力于实现人类社会的美好愿景,但依然面临着各方面的挑战,如"美国'唯我独尊'的霸权心态、'历史的惯性'旧观念"等④。有学者指出,具体落实需要遵循平等互助、尊重差异、绿色发展和兼容并蓄的原则等。⑤

6. 人类命运共同体的理念规则研究

在 2015 年第七十届联合国大会一般性辩论时习近平主席指出,从建

---

① 郝立新、周康林:《构建人类命运共同体——全球治理的中国方案》,《马克思主义与现实》2017 年第 6 期。

② 丛占修:《人类命运共同体:历史、现实与意蕴》,《理论与改革》2016 年第 3 期。

③ 党锐锋、李斌:《构建人类命运共同体理念对于创造人类文明新形态的原创性贡献和方法论启示》,《宁夏社会科学》2022 第 3 期。

④ 刘传春:《人类命运共同体内涵的质疑、争鸣与科学认识》,《毛泽东邓小平理论研究》2015 年第 11 期。

⑤ 石云霞:《习近平人类命运共同体思想科学体系研究》,《中国特色社会主义研究》2018 年第 2 期。

立平等相待、互商互谅的伙伴关系;营造公道正义、共建共享的安全格局;谋求开放创新、包容互惠的发展前景;促进和而不同、兼收并蓄的文明交流;构筑尊崇自然、绿色发展的生态体系即经济、政治、文化基础、安全和生态环境五个方面构建人类命运共同体的总布局与总路径。有学者指出,"一带一路"所包含的理念和所提供的发展路径,使"人类命运共同体"具有了现实的可能性。① 有学者指出,构建人类命运共同体应该坚持协商对话、共建共享、合作共赢、交流互鉴、绿色低碳等基本原则和价值目标。② 有学者提出,要从周边、亚非发展中国家及南南合作、发达国家三个层面的合作稳步推进人类命运共同体的构建。③ 有学者提出,从"注重意识内化于心,外化于行动;注重政策措施的综合性;推动建立开放、包容、透明的国际制度体系;各国政府要做到权责均衡,内外兼顾"四方面推动人类命运共同体的构建。④

7.人类命运共同体的具体实践研究

具体实践方面,从文化层面,有学者指出,构建人类命运共同体需要人类文明新复兴和新人文主义发展的文化支撑。⑤ 有学者指出,借助"仁""义""礼""智""信"的传统智慧精华,从社会与自然两个维度构筑人类命运共同体。⑥ 有学者从马克思的共同体思想角度,阐释"人类命运共同体"的践行路径,即坚持理想性与现实性相统一,承认人类命运共同

---

① 明浩:《"一带一路"与"人类命运共同体"》,《中央民族大学学报(哲学社会科学版)》2015 年第 42 期。

② 郝立新、周康林:《构建人类命运共同体——全球治理的中国方案》,《马克思主义与现实》2017 年第 6 期。

③ 陈向阳:《以"人类命运共同体"引领世界秩序重塑》,《当代世界》2016 年第 5 期。

④ 于洪君:《树立人类命运共同体意识,推动中国与世界良性互动》,《当代世界》2013 年第 12 期。

⑤ 叶小文:《人类命运共同体的文化共识》,《新疆师范大学学报(哲学社会科学版)》2016 年第 37 期。

⑥ 栾淳钰、付洪:《儒家"五常"视角下"命运共同体"的构筑》,《广西社会科学》2016 年第 3 期。

体的"自由人联合体"在发展阶段上的差异;坚持人类解放道路的普遍性
与过程性、阶段性和特殊性相统一,以逐步实现人的全面解放为旨归,正
确认识人类命运共同体构建处于起步阶段的现实;坚持"个人自由"和
"共同体发展"相统一,始终以人民主体性为原则;坚持理论完善与实践
探索相统一。①有学者从价值传播角度,认为应精心做好中国化马克思主
义成果的对外翻译工作,采取更加积极的国际传播策略,构建中国话语体
系。② 有学者从战略布局方面,指出应将命运共同体的构建与全面深化
改革结合起来,在全社会塑造共同体意识。③

(二)国外研究学术史梳理及研究动态

从整体上看,人类命运共同体理念自提出以来,也受到国外学者的广
泛关注。有学者在梳理国外学者对人类命运共同体的研究时提出国外学
者多运用"动机、行为、影响"研究逻辑,偏重实务研究,围绕人类命运共
同体的提出动机、人类命运共同体的实践行为以及人类命运共同体的成
效和对世界的影响等理论问题和实践问题展开研究,对人类命运共同体
学理关注不足。④

1. 人类命运共同体的提出动机研究

对于人类命运共同体的提出动机,有国外学者从历史传承的角度,认
为崇尚和平、和睦,追求和合大同的文化基因是人类命运共同体提出的历
史文化基础。有学者指出:"中国一直致力于对'公义'的追求,中国的未

---

① 张华波、邓淑华:《马克思发展共同体思想对构建人类命运共同体的启示》,《马
克思主义研究》2017 年第 11 期。

② 项久雨、胡庆有:《论中国化马克思主义的国际传播策略》,《思想理论教育》2016
年第 3 期。

③ 丛斌:《让共同体意识为全面深化改革铸魂》,《中央社会主义学院学报》2016 年
第 1 期。

④ 宋婧琳、张华波:《国外学者对"人类命运共同体"的研究综述》,《当代世界与社
会主义》2017 年第 5 期。

来必将寓于其特殊的历史土壤中。"儒家"天下观"是一种包容性人文主义与包容性联系主义的结合。① 有学者认为人类命运共同体的构建既是中国战略发展的现实政治诉求,也是解决当前现代化困境的建设性方案。该学者从中国梦与人类命运共同体的关系角度解析,认为中国梦是构建人类命运共同体的出发点,而人类命运共同体的构建是实现中国梦的关键环节与实践路径。②

2. 人类命运共同体的实践载体研究

在实践载体方面,有学者从不同维度对人类命运共同体的构建进程进行研究,包括中国与其他国家不同的外交方式以及构建人类命运共同体的不同路径。③ 有学者指出,应着重加强网络安全建设,并认为生态命运共同体的构建十分必要。④ 整体上看,国外对于人类命运共同体的实践行为研究共分为三个层次:一是人类命运共同体理念可行性研究;二是人类命运共同体的实践载体研究;三是人类命运共同体的实践风险及对策研究。

3. 人类命运共同体的实践成效研究

国外对于人类命运共同体的实践成效性质具有消极与积极之争。如有学者对人类命运共同体的实践成效持积极态度,认为人类命运共同体的提出体现了人类文明形态的变革。⑤ 而有学者对人类命运共同体的构

① Jeanne Hoffman. "China´s search for the future: A genealogical approach". *Futures*, 2013(54).

② Peter Ferdinand. "Foreign Policy Convergence in Pacific Asia: The Evidence from Voting in the UN General Assembly". *The British Journal of Politics and International Relations*,2014,(16).

③ Niv Horesh. "Breaking with the Past: The Maritime Customs Service and the Global Origins of Modernity in China". *The Journal of Asian Studies*,2016(75).

④ Stephanie E. Hampton,Carly A. Strasser,et al. "Big Data and the Future of Ecology". *Frontiers in Ecology and the Environment*,2013(11).

⑤ Ling Chen,Barry Naughton. "An institutionalized policy-making mechanism: China's return to techno-industrial policy". *Research Policy*,2016(45).

建持消极态度,认为"一带一路"从根本上损害了美国"重返亚太"的利益。

三、研究思路与架构

党的二十大报告指出,"深化文明交流互鉴"①是推进中华文明走向世界的必然要求,也是世界多元文明共同进步的根本前提。但长期以来,与"文明互鉴论"相对的"文明冲突论"屡批不倒,尤其在局部冲突和地区热点此起彼伏的背景下,一度演变为"自我实现的预言"②。当前对于人类文明交往的研究,许多学者倾向于针对更具矛盾性的"文明冲突论"展开论述,多从国际、政治、外交等视域探讨"文明冲突论",对人类文明交往的研究则有所疏忽。鉴于此,对"文明互鉴"进行解读,有助于对人类文明演进、融合的发展规律进行阐述。

人类命运共同体理念是中国为人类文明发展做出的重大贡献,人类命运共同体的构建需要全球各国携手并行,共同推进。当下亟待培育人文共同体意识,解放思维,提升境界,改变原有的看待问题的视角,树立大局观,打破限制,消除芥蒂。本书将通过对现有研究理解和人类文明发展历程进行解读,分析推动人类命运共同体构建的可行性。

基于此研究任务与目标,本书的架构如下:在导论部分,对选题的背景与价值、国内外研究现状与评述以及整体研究的思路与架构进行阐述。针对当下"文明冲突"与"文明共存"问题进行学术论述与探讨。

本书正文分为四章。

第一章展开对近代人类文明发展历程的追溯。概述近代西方文明的变革,总结梳理资产阶级革命后近代西方文明的进程。厘清马克思主义形成的社会历史背景,以及理论渊源。着重概述近代中国在社会危机下

---

① 习近平:《高举中国特色社会主义伟大旗帜为全面建设社会主义现代化国家而团结奋斗——在中国共产党第二十次全国代表大会上的报告》,人民出版社 2022 年版。

② 苏国勋:《从社会学视角看"文明冲突论"》,《社会学文摘》2004 年第 8 期。

的文明变迁,以及马克思主义在中国的早期传播,指出马克思主义是中国的文明选择,同时指明关注人类共同命运是中国共产党的文明诉求。

第二章论述人类命运共同体的应运而生。无论是古希腊时期的城邦共同体,还是中华传统文明中的"世界大同",都是人类早期对共同体思想的探索。在此基础上,马克思在探索人类解放道路的过程中,形成了马克思共同体思想。进入新时代,伴随着经济全球化、世界多极化的深入发展,人类越来越成为你中有我、我中有你的"人类命运共同体"。与此同时,今天人类面临的困难"数量之多、规模之大、程度之深前所未有"。改革开放以来,我国与世界的联系日渐加深,逐渐成为世界全球化链条中不可或缺的一环。当下,构建人类命运共同体是一个需要进行长期探寻的过程,而推进人类命运共同体的构建也是作为世界大国中国的历史使命。当人类发展遭遇前所未有的挑战后,人类开始找寻能够摒弃隔阂、相互依存,凝结多方力量合作共赢的发展方式,人类命运共同体理念立足于全人类共同价值上,完成了在政治、经济、文化、生态、安全等几个方面的全面布局,并根据时代发展开了对实践路径的思考。在推进构建人类命运共同体进程中,中国以"和平、发展、公平、正义、民主、自由"等人类共同价值的核心内涵为其注入新的活力,而构建人类命运共同体在多个领域,尤其在文明领域获得了诸多国家的认同。为进一步促进国家之间的交流互鉴合作、打破文化交往壁垒、促进各国文明共同发展提供了重要支撑。

第三章清晰论述了文明视域下,人类命运共同体承担着人类文明发展之责,为人类提供了深远且可供参考的文明方案。指出人类命运共同体,是以全人类共同价值为价值理念,以世界各国人民互利共赢为目标,旨在减少文明之间的隔阂,克服"文明冲突论""文明优越论"的思维误区,建构起的一种全新的人类文明发展形态。构建人类命运共同体不是构建精神上的乌托邦,而是在世界各国人民的共同努力、相互信任包容下,重塑一个更加美好的新世界。人类命运共同体从理念的提出到思想的形成再到实践路径的探索,文明逻辑一直贯穿始终,人类命运共同体的建构是人类文明宏观发展方向与微观发展标的的统一。

　　第四章展开了对构建人类命运共同体的路径探索。人类已经在潜移默化中凝结成命运共同体，但是其脆弱性又要求我们以坚定的变革心态来推进共同体的构建。构建人类命运共同体是全人类的共同事业，而中国作为世界大国始终为之不懈努力。从"中国梦"到世界梦，中国始终走在推进人类命运共同体建设的第一线，为全球化的进一步发展以及全球伙伴关系的构建做出中国作为。

第一章 时代变革之下人类文明的嬗变

人类文明的发展历经了时代的变革,无论是东方文明还是西方文明都迎来了质的飞跃。西方文明伴随着资产阶级的壮大而进步,同时也造成了无产阶级劳动者的深重苦难。在深入参与无产阶级革命斗争以及批判继承旧的哲学思想理论的基础上,马克思、恩格斯揭示了资本主义生产的奥秘,阐明了资本主义发展的历史趋势,并开创了马克思主义。

中国作为东方文明古国,在对中国传统文明一脉相承的基础上不断探索打破近代中国落后现状的文明选择。十月革命推动了马克思主义的传播,扩大了马克思主义的影响,也让马克思主义走入近代中国知识青年的视野。越来越多的中国先进分子通过推陈比较后,选择了马克思主义,达成了文明选择上的共识。经历了曲折发展后,马克思主义成为中国共产党的指导思想和行动指南,带领中国人民实现了独立自主,并向着中华民族伟大复兴而继续前行。

第一节 近代西方的文明变革

伴随着文艺复兴、英国资产阶级革命、第一次工业革命,欧洲从中世纪的黑暗与蒙昧中醒来,一跃而上,成为世界文明进程的制高点。20世纪以来资本主义的日益壮大推进了西方现代文明的发展,同时也为其他文明带来了灾难。

一、革命中衍变的西方文明

14—16世纪的文艺复兴,肇始于意大利,繁盛于西欧诸国,在东欧和北欧均有传播,是欧洲新兴资产阶级以反封建、反教会为主要内容的革命运动。文艺复兴涉及的领域较为广泛,包括西方文明的各个方面,如文学、艺术、哲学、自然科学以及政治学、法学、历史学等。文艺复兴对西方文明产生了深远影响,不仅促进了科学上的革命,也推动了生产力的发展,成就斐然。恩格斯曾这样评价这次运动:"这是人类以往从来没有经历过的一次最伟大的、进步的变革。"①

随着资本主义经济的发展,革命形势进一步成熟。1640年,英国爆发了资产阶级革命,标志着在欧洲大陆上第一次确立了资本主义制度,宣告了资产阶级社会秩序的诞生。英国资本主义凭借这次革命,逐渐走向世界工商业巅峰,并为建立起殖民帝国打下了根基。英国资产阶级革命更大的意义在于不仅推动了法国等欧洲国家的资产阶级革命运动,加速了欧洲封建制度的崩溃,也促进了资产阶级政治思想、哲学思想以及18世纪法国启蒙思想的兴起,开辟了一个资产阶级世界革命的时代,对整个西方文明甚至全世界都产生了巨大的影响。

在历经第一次工业革命后,英国率先完成了向近代社会的跨越。而其他西方国家也紧随其后,走出国门寻求更多商业机会,进行资本的原始积累。人类的生产力发展也被推入了一个全新时代。

20世纪的文明是从资本制度产生的,它的确有益于社会,但也形成了一系列社会弊端。科学家利用劳动者造成的资本,尽力地去研究、发明,形成现代文明,但是资本制度越发达,资本制度下的文明越进步,劳动

---

① 《马克思恩格斯选集》第四卷,人民出版社1995年版,第261页。

者的苦难也愈发深重。① 劳动者面临的残酷剥削正是资本制度下文明进步的副作用。

二、马克思主义的诞生

马克思主义诞生于 19 世纪 40 年代。它的诞生有着深刻的社会历史背景。其时,欧洲资本主义机器大工业发展迅速,引起了社会生产关系的深刻变化,使资本主义社会固有的矛盾暴露出来,并日趋激化。以法国里昂工人起义为代表的一系列工人起义标志着无产阶级开始以独立的政治力量这一身份走上历史舞台。而在如火如荼的政治斗争中,缺乏科学的理论指导,成为无产阶级的重要矛盾,马克思主义也在无产阶级革命运动的强烈需求下应运而生。

马克思、恩格斯在批判继承以德国古典哲学、英国古典政治经济学和英法三大空想社会主义思潮的基础之上,创立了马克思主义理论体系。马克思主义揭示了人类社会发展的本质和规律,"回答了人类先进思想已经提出的种种问题"②,为人类认识世界、改造世界提供了崭新的世界观与方法论,推动着人类思想史发展到新的历史阶段。

马克思、恩格斯依据自由资本主义阶段的世界经济政治发展状况,得出资本主义必然灭亡、社会主义必然胜利的历史趋势,曾提出共产主义革命将在一切文明国家里,至少在几个资本主义国家里同时发生的设想。19 世纪 80 年代,马克思主义开始在俄国传播,在与俄国的具体实践相结合的过程中,列宁主义应运而生。列宁以一个真正的马克思主义者的态度,开拓了马克思主义的新境界。他深刻剖析了 19 世纪末 20 世纪初世界历史的新特点、新变化,大胆提出:"社会主义不能在所有国家内同时获得胜利,它将首先在一个或几个国家中获得胜利,而其余的国家在一段

---

① 李大钊:《劳动问题的祸源》(1923 年 12 月 4 日),《建党以来重要文献选编》第一册,中央文献出版社 2011 年版,第 372 页。

② 《列宁选集》第二卷,人民出版社 2012 年版,第 309 页。

时期内将仍然是资产阶级的或资产阶级以前时期的国家。"[1]在此理论的指引之下,1917 年,列宁和布尔什维克党领导俄国工人阶级和革命人民夺取了十月革命的胜利,使社会主义由理想变为现实,开辟了人类历史发展的新纪元。

第二节　近代中国的文明选择

在中国几千年的历史长河中,中国人民创造了博大精深、辉煌灿烂的中华文明。这种高度发达的物质文明与精神文明长期遥遥领先于世界,直到西方的坚船利炮轰开清朝厚重的国门,中华民族面临着亡国灭种的严峻考验,中华文明遭遇"三千年未有之大变局"。因此,鸦片战争后,实现中华民族伟大复兴是无数仁人志士始终不渝的追寻。

鸦片战争后,伴随着西方的船坚炮利而来的是西方近代文明开始大规模输入中国,并给古老的中华文明以巨大的冲击。一方面,中国社会在悲愤与屈辱中开始转型,中国的现代化进程由此开启。中国对西方文明的学习,经历了器物、制度、文化的由浅到深、从具体到抽象的演进过程,态度不可谓不坚决、行动不可谓不彻底,但是民族复兴的大业仍旧屡屡受挫。另一方面,第一次世界大战的爆发和十月革命的胜利是人类文明发展史上的重要事件,促使中国的先进分子把目光转向社会主义俄国、转向马克思主义。马克思主义是在汲取现代文明基础之上又超越了西方文明局限的科学体系,它为中国社会的发展和中华民族的伟大复兴提供了新的思想武器,让处于思想迷茫期的中国看到了新的希望。

---

① 《列宁选集》第二卷,人民出版社 1972 年版,第 873 页。

一、民族危机下的文明探索

随着民族危机的加深和社会矛盾的进一步激化,对清政府绝望至极的仁人志士逐渐走上了革命的道路。以孙中山为首的革命党人自觉贯彻了中西文明精华而"融贯之",成为践行民主革命思想的先锋。孙中山提出:"余之谋中国革命,其所持主义,有因袭吾国固有之思想者,有规抚欧洲之学说事迹者,有吾所独见而创获者。一民族主义。二民权主义。三民生主义。"①在"三民主义"的指导之下,资产阶级革命派领导人民推翻了清朝的统治,建立了中华民国。于是在中国延续了两千多年的封建帝制终于覆灭,民主共和观念深入人心。在孙中山看来,此时的中华民族在经历漫漫长夜之后,终于迎来了近代文明的曙光。他认为:"今专制业已推翻,破坏之局已终,建设之局伊始"②,但是在当时的社会历史条件下,受时代和阶级所限,以"三民主义"为理论支撑的资本主义制度无法适应中国国情的需要,最终辛亥革命的胜利果实被袁世凯窃取了。1912 年 3 月 10 日,袁世凯在北京就任临时大总统,历史进入北洋军阀统治时期,标志着辛亥革命的失败和中华民国的夭折。

随着第一次世界大战的爆发,国内学界对于资本主义较为发达的物质文明有了更加全面的认识。如有文章指出:"欧洲大战既兴,全球震动,论者推原祸始,因国际资本主义之冲突而致怨于物质文明之过量发达,因物质文明而迁怒于科学,于是 19 世纪托尔斯泰、尼采辈诅咒科学之论调复为当代救世之福音。昔日因物质文明而崇拜科学者,今者因同一之物质文明而诋毁之。潮流所被,中国亦沐其余波。此中国思想界之所以于今日学术荒芜、民生凋敝之际而复有反科学之运动也。"③西方的没

---

① 《孙中山全集》第七卷,中华书局 1985 年版,第 60 页。

② 汪受宽主编:《富强与梦想:现代化的追求与探索》,中共中央党校出版社 1999 年版,第 209 页。

③ 《科学与反科学》,《东方杂志》1924 年第 9 卷,第 21 期。

落让中国人明白,中国的前途命运将无法用西方文明来指引。由此"晚清以降学习西方现代化运动陷入了范式危机"①。这时,中国知识分子不得不重新思索与审视我们到底需要"什么样的西方"这一问题。

1915年,在《新青年》创刊号上,陈独秀撰文《法兰西与近世文明》,认为"此近世三大文明,皆法兰西人之赐。世界而无法兰西,今日之黑暗不识仍居何等"②。推崇法国资产阶级革命对近世文明的贡献。通过对东西文明进行比较,李大钊指出:"中国文明之疾病,已达炎热最高之度,中国民族之运命,已臻奄奄垂死之期,此实无庸讳言。"与西方相比,我们的文明已全面失败,必须"以彻底之觉悟",将其"根本扫荡"。③ 更为激进的是钱玄同的主张,他高度赞许"将东方化连根拔去,将西方化全盘采用"的观点,抨击中国文字为"记载孔门学说及道教妖言之记号"④。梁漱溟将这一西化现象和过程形容为:"东方化对于西方化步步的退让,西方化对于东方化的节节斩伐!到了最后的问题是已将枝叶去掉,要向咽喉去着刀!而将中国化根本打倒。"⑤

由此观之,中国早期的知识分子在学习西方文明的过程中,"几乎对西方出现过的各种现代化模式都进行过快速的试选择"⑥,态度不可谓不坚决,行动不可谓不彻底。但"国家的情况一天天变坏,环境迫使人们活不下去,怀疑产生了、增长了、发展了"⑦。

就在中国先进分子苦苦探求中国出路之时,1917年俄历10月25日,在封建压迫严重、经济文化落后的俄国,发生了震动世界的社会主义革

---

① 许纪霖、陈达凯主编:《中国现代化史》第一卷,生活·读书·新知三联书店1995年版,第351页。

② 陈独秀:《法兰西与近世文明》,《新青年》,1915年,第1卷,第1号。

③ 高瑞泉编选:《向着新的理想社会——李大钊文选》,上海远东出版社1995年版,第154-156页。

④ 钱玄同:《中国今后之文字问题》,《新青年》1935年第4卷,第4号。

⑤ 梁漱溟:《东西文化及其哲学》,商务印书馆1999年版,第15页。

⑥ 罗荣渠:《现代化新论》,北京大学出版社1993年版,第339页。

⑦ 《毛泽东选集》第四卷,人民出版社1991年版,第1470页。

命。十月革命推动了马克思主义的传播,扩大了马克思主义的影响。正如毛泽东所指出的:"十月革命一声炮响,给我们送来了马克思列宁主义。"①到处碰壁的中国知识分子发现,原来超越资本主义的第三种文明就是马克思主义。

二、马克思主义成为中国的文明选择

十月革命是人类文明发展史上的一次重大事件,它在统一的欧美资本主义世界体系打开了一个缺口,开辟了社会主义道路探索的新时代,不仅震撼了欧洲,更震撼了世界。十月革命的胜利让中国看到,只要无产阶级和其他劳动群体觉醒和组织起来,完全可以依靠自己的力量创造出崭新的社会制度。十月革命使陷于苦闷彷徨的中国先进分子看到了民族复兴的新希望,并由此产生了对社会主义的向往。

李大钊是在中国率先举起马克思主义旗帜的第一人。1918 年下半年,李大钊曾饱含热情地对十月革命进行讴歌,他写道:"俄罗斯之革命是 20 世纪初期之革命,是立于社会主义上之革命,是社会的革命并著世界的革命之彩色者也","俄罗斯之革命,非独俄罗斯人心变动之显兆,是20 世纪全世界人类普遍心里变动之显兆","20 世纪初叶以后之文明必将起绝大之变动,其萌芽即茁发于今日俄国革命之血潮之中"②。

李大钊认为十月革命昭示了人类文明发展的新方向,他公开表示:"吾人对于俄罗斯今日之事变,惟有翘首以迎其世界的新文明之曙光,倾耳以迎其建于自由、人道上之新俄罗斯之消息,而求所以适应此世界的新潮流,勿徒以其目前一时之乱象遂遽为之抱悲观也。"③从 1918 年下半年起,李大钊发表了《法俄革命之比较观》《庶民的胜利》《布尔什维克主义的胜利》等文章,热情地宣传和讴歌十月革命与马克思主义。此外,较早

---

① 《毛泽东选集》第四卷,人民出版社 1991 年版,第 1471 页。
② 《李大钊文集》(上),人民出版社 1984 年版,第 572-575 页。
③ 李大钊:《Bolshevism 的胜利》,《新青年》1918 年第 5 卷,第 5 号。

接受和传播马克思主义的还有李达、周恩来、杨匏安等。受李大钊、陈独秀等人的影响和新思潮、新时代的洗礼,至五四运动前夕,在中国大地上已经出现了一批真诚地赞同俄国十月革命和具有初步共产主义思想的知识分子。但当时信仰马克思主义的还只是李大钊这样的少数人,马克思主义于百舸争流中独领风骚则不得不等到五四运动以后。

五四运动让马克思主义得到广泛传播,从各种社会主义思潮中脱颖而出,后于百舸争流中独领风骚。

五四运动的胜利,不只体现在迫使北洋军阀政府拒绝在巴黎和约上签字,捍卫了民族尊严,更为深远的影响是促进了中国人民的觉醒。通过五四运动,中国的先进知识分子更加清楚地看到了中国工人阶级的先进性与内在力量,促使他们选择以马克思主义为指导,积极探索救国救民、改造社会的新道路。

五四运动后,中国的文化思想界异常活跃。随着众多刊物与社团的宣传与介绍,有关马克思主义与社会主义的思潮涌入中国,社会主义在中国成为一股有相当影响的思想潮流。

近代中国的社会主义思潮不是从中国封建社会的内部自发产生,也不是传统大同思想的直接延伸,而是从工人运动高涨的西方传入。早在19世纪70年代,社会主义运动与社会主义思潮开始进入少数中国人的视野。外国传教士在中国所办的《教会新报》和香港的《华字日报》《中外新报》等报纸,均报道了巴黎公社的有关情况。[①] 1873年至1882年初,江南制造局所编印的《西国近世汇编》,逐周汇述西方资本主义国家的各方面动态,是当时中国人了解西方时事的一个重要窗口。这个“汇编”经常记载欧美各国的工人运动,并撷拾了一些社会民主党人和共产党人的活动片段,因而对社会主义和马克思主义亦有所触及。他们把社会主义译述为“主欧罗巴大同”“贫富适均”“贫富均财之说”,把社会民主党音译

---

① 皮明麻:《近代中国社会主义思潮觅踪》,吉林文史出版社1991年版,第11页。

为"莎舍尔德玛噶里",把民意党音译为"尼赫力士",把共产主义音译为"廓密尼士"或"康密尼"。①

　　19世纪末,广学会主办的《万国公报》提到了马克思与恩格斯的名字以及一些主张。20世纪初,关于"社会主义"与"共产党"的名词开始出现于中国的报刊与出版物以及日本的译著中。据不完全统计,就1903年在中国报刊上发表有关介绍社会主义的文章有10篇以上,翻译出版有关社会主义专著达7部。② 如梁启超、朱执信均提到过马克思主义。尤其辛亥革命后,封建君主专制被推翻,民主共和的观念深入人心,社会主义宣传在中国再次掀起热潮,但是此时打着社会主义旗号的学说十分繁杂,良莠难辨。值得注意的是,虽然辛亥革命前后中国人对于马克思和社会主义的接触越来越多,但"在中国国内通常见到的刊物上进行宣传,则不得不等到1919年"③。

　　五四运动彻底暴露了资本主义的本质,人们对帝国主义的幻想破灭了。瞿秋白指出:"中国民族几十年来受剥削,到今日才感受殖民地化的况味。帝国主义压迫的切骨的痛苦,触醒了空泛的民主主义的噩梦","工业先进国的现代问题是资本主义,在殖民地上就是帝国主义,所以学生运动倏然一变而倾向于社会主义,就是这个原因"④。

　　当时的社会主义思潮迅速博得人们的好感,还有着深刻的社会原因。首先,古有的大同理想作为现有的思想桥梁沟通了先进的知识分子对社会主义的认同与理解,使当时的先进知识分子对社会主义因似曾相识而心向往之。《礼运》这样描述大同之世:"大道之行也,天下为公,选贤与

　　① 姜义华编:《社会主义学说在中国的初期传播》,复旦大学出版社1994年版,第8—18页。
　　② 林代昭、潘国华编:《马克思主义在中国——从影响的传入到传播》,清华大学出版社1983年版,第5页。
　　③ ［日］石川祯浩:《中国共产党成立史》,袁广泉译,中国社会科学出版社2006年版,第1页。
　　④ 《瞿秋白文集》第一卷,人民文学出版社1985年版,第26页。

(举)能,讲信修睦。故人不独亲其亲,不独子其子,使老有所终,壮有所用,幼有所长,矜寡孤独废疾者皆有所养。男有分,女有归。货恶其弃于地也,不必藏于己;力恶其不出于身也,不必为己。是故谋闭而不兴,盗窃乱贼而不作,故外户不巧。是谓大同。"①大同社会的真精神即是追求天下为公,大同社会的经济为国有,在政治上能够选贤与能。李大钊号召:"青年呵! 速向农村去吧! 日出而作,日入而息,耕田而食,凿井而饮。那些终年在田野工作的父老妇孺,都是你们的同心伴侣,那炊烟锄影,鸡犬相闻的境界,才是你们安身立命的地方。"②大同理想与中国传统文化契合的特征对中国的知识分子显然具有亲和力与吸引力。其次,第一次世界大战期间,帝国主义放松了对中国的侵略,中国的民族资本主义工业在第一次世界大战期间获得短暂的发展机会。随着民族资本主义的发展,中国无产阶级的队伍迅速发展壮大,至1919年,中国的产业工人已增至200多万人,为马克思主义的传入打下了坚实的阶级基础。最后,新文化运动催生的思想解放潮流,为接受社会主义提供了社会基础和思想条件。

在"五四运动前后,马克思的科学社会主义以社会主义思潮的一个派别在中国传播"③。1918年12月,陈独秀、李大钊创办了《每周评论》,专门点评时事,成为宣传马克思主义的重要阵地。1919年2月,李大钊又参加了北京《晨报》副刊编辑工作,进一步推动了对俄国十月革命和马克思主义的宣传。1919年4月1日至4日,《晨报》副刊发表了《近世社会主义鼻祖马克思之奋斗生涯》,全面介绍了马克思为无产阶级解放奋斗一生的不朽功绩。在李大钊等人的推动下,马克思主义在中国的早期传播进入新阶段。

---

① 《礼记·礼运篇》。
② 《李大钊文集》(上),人民出版社1984年版,第652页。
③ 肖浩辉等:《马克思主义中国化的理论与实践》,湖南人民出版社2001年版,第89页。

五四运动后,介绍马克思主义的文章如雨后春笋遍地抽芽。

此外,研究马克思主义的团体相继出现。

1920 年,马克思主义在中国的传播愈加广泛深入。5 月 1 日,《新青年》第七卷第六号开辟"五一"劳动者专号,陈独秀和李大钊发表了大量介绍马克思主义及其工人运动的文章。以此为分水岭,《新青年》杂志主要发表介绍马克思主义理论的译作和讨论社会主义的文章。不久,陈独秀将《新青年》编辑部迁到上海,成为中国上海共产主义小组的机关刊物。

马克思主义在中国的传播并不是一帆风顺的,它经历了同各种非马克思主义、反马克思主义的辩论斗争,主要为资产阶级改良和无政府主义之争。马克思与非马克思主义之争,也加速了马克思主义在中国的发展进程,实现了马克思主义同中国政治实践的结合。

总而言之,马克思主义靠着自身严谨、科学的理论和俄国十月革命成功的双重证明,从社会主义潮流中脱颖而出,独领社会主义潮流之风骚。越来越多的中国先进分子通过推陈比较后,选择了马克思主义,达成了文明选择上的共识。

第二章 构建人类命运共同体的时代进程

构建人类命运共同体理念在发展演变中体现出人类在应对时代变迁、社会发展上的多维度思考与实践。当人类发展遇到前所未有的挑战后,人类开始找寻能够摒弃隔阂、相互依存、凝结多方力量合作共赢的发展方式,构建人类命运共同体理念在立足全人类共同价值的基础上,完成了在政治、经济、文化、生态、安全等几个方面的布局,并根据时代发展开了对实践路径的思考。

第一节 巨大变局之下人类社会的发展

当前东西方国家已达成共识,即人类社会进入了一个前所未有的大变局中。整体观之,人类社会在工业化、现代化领域的发展上已经不再由少数发达西方国家掌控,在新材料、新能源、信息技术的推动下,世界各国都在高新技术赛道中争夺名次。在新技术经济的推动下,世界发展也不再由个别西方国家主宰,而是向着寻求共同原则、促进新形势下新的道路发展。因此,固有的价值理念、思想观念、制度规范已不再适用,整个世界在价值观念的取向上面临重大转型。

一、人类在多方面面临全新搠战

在发展上,南北发展不平衡问题久久未能得以解决,同样,广大发展中国家在取得政治独立后如何进一步实现经济独立,仍是当下面临的较为严峻的发展问题。发达国家本应对发展中国家提供更多帮助,但多数发达国家并未实行更多的措施。尤其是在金融危机及新冠疫情发生后,新保护主义倾向与"逆全球化"思潮逐渐兴起。在部分发达国家看来全球化正在损害他们的利益,他们认为一个国家收益的百分比是以另一个国家的损失为代价的,而发达国家正在因中国等发展中国家的收益而损失。其实目前很多研究者已经意识到,要想解决全球化带给发达国家的负面效应,就务必从发达国家入手,政府需要采取更积极的社会经济政策,例如具有倾斜性的税收政策、更健全的社会生活及医疗保障、针对失业者的再就业培训等。

在文明上,人类文明本是各有特色的,世界也因人类文明的多样而丰富多彩,习近平曾提出"文明因交流而多彩,文明因互鉴而丰富"[1]。但一些国家和民族至今仍秉持着狭隘的文明观,视自身文明优于其他文明,并试图以各种手段强制推行,进一步激化了文明冲突。亨廷顿曾在《文明的冲突与世界秩序的重建》中指出,"在西方,比经济和人口远为重要的问题是道德衰落、文化自绝和政治分裂"[2],他还专门提及移民问题。一方面,"来自其他文明的移民,他们拒绝融入西方社会,继续坚持和宣扬他们原有的价值观、习俗和文化"[3]。另一方面,西方自由派知识分子和政治家始终打着多元文化主义的口号,不断否定西方文明自身的独特价

---

① 《文明交流互鉴是推动人类文明进步和世界和平发展的重要动力》,2014 年在联合国教科文组织总部的演讲。

② 塞缪尔·亨廷顿:《文明的冲突与世界秩序的重建》,周琪、刘绯、张立平、等译,新华出版社 1998 年版,第 351 页。

③ 塞缪尔·亨廷顿:《文明的冲突与世界秩序的重建》,周琪、刘绯、张立平、等译,新华出版社 1998 年版,第 351 页。

值。亨廷顿警告,如果这种情形继续下去,"美国便会成为一个分裂的国家,并存在内部冲突和由此造成的分裂的潜在可能"①。在生态上,传统的粗放型发展方式对自然资源和生态环境都造成了严重的破坏,而当下以生态环境置换经济发展的思路已不再可行。但一些西方国家仅仅将环境保护挂在口头,实际选择上却始终在让生态让步。2022 年,澳大利亚爆发了长达半年的山火,这场大火持续了整整 210 天,烧掉了 400 公顷的森林,除此之外,还有 1170 万公顷的土地被烧毁。这场大火一方面为澳大利亚带来了经济上的巨大损失,另一方面也让澳大利亚的生态环境遭遇了重创。此次山火是天灾更是一场人祸,不仅造成大量人员与财产损失,很多动物也受到了毁灭性打击,113 种动物因此濒临灭绝,实际上造成这些后果都与山火初期的重视程度不足息息相关。2018 年初,中国开始叫停进口塑料垃圾以及其他 20 多种可回收洋垃圾。此令一出众多西方国家叫苦不迭,主要是其早已依赖出口垃圾来维护本国环境清洁,自己已经失去垃圾处理的能力。在中国的带动下,印度、泰国、马来西亚等国家纷纷跟进,拒绝做西方国家塑料垃圾的倾倒地。西方国家由于无处安置塑料垃圾陷入环境危机,但依然没有找到从源头解决问题的措施,也并没有因此限制塑料产品的无序应用。无论如何,地球是人类唯一的共同家园,如果有一天地球不再适宜人类居住,那将是全人类的末日,因此保护自然生态是全人类的共同责任,应受到重视。

面对非传统安全带来的挑战,西方大国也曾经尝试提出解决方案,即走自由民主主义道路。第二次世界大战结束后,西方试图建立一个以自由民主为意识形态基础,并由西方主导的世界。为了维持这个格局,西方对以苏联为首的社会主义阵营展开了长达十年的冷战,以遏制其所谓的"共产主义的扩张"。东欧剧变、苏联解体后,冷战也告一段落,西方获得了胜利。此后,众多发展中国家开始倒向西方模式,其中也包括曾经的东

---

① 塞缪尔·亨廷顿:《文明的冲突与世界秩序的重建》,周琪、刘绯、张立平,等译,新华出版社 1998 年版,第 351 页。

欧社会主义国家和苏联各加盟共和国也抛弃了共产主义,转向民主主义道路。西方也就认为民主主义获取了最终的胜利,历史性的意识形态斗争已经终结。而面对人类发展进程中一系列全新障碍和挑战,他们认为只要全世界所有国家都坚定不移地走西方民主主义道路,在政治上施行西方民主制度,经济上遵循新自由主义方针,思想上推行"普世价值",那么所有问题将迎刃而解。但现实并未按照西方大国的剧本发生,金融危机以来,越来越多的人开始质疑新自由主义的发展模式;同时无论西方如何鼓吹,确实有许多选择了西方道路的发展中国家出现了水土不服的现象,经济上发展迟缓,政治上危机不断,社会严重不稳定。反观西方大国自己也是乱象频发,民粹主义抬头,各类"黑天鹅"事件频频出现。更令人担忧的是,面对"世界之乱",西方大国政府一方面开始选择明哲保身、强制"退群",推卸自身责任;另一方面又开始将新兴大国视为威胁自身的假想敌,以对抗思维来处理对外事务,并不断加强自己的军备力量。这样一来,不但原有的世界问题难以得到解决,更滋生了全新的世界性混乱。当下,和平与发展仍然是时代的主题,但是人类前行之路面临更多危机,人类的前途命运也增加了更多的不确定性。

二、全球化已迎来全新拐点

全球化由西方所开启并发展至今,虽然其间历经坎坷、挫折不断,但总体发展趋势并未改变,其主要推动力量始终是以美欧为核心的西方发达国家。但近年来,尤其是发生了金融危机和新冠疫情之后,美欧内部开始出现越来越多的反全球化声音,甚至一些国家开始推行逆全球化政策,全球化遇到了百年未有的挑战,也迎来全新的拐点。

随着资本主义完成了原始积累阶段转向大工业阶段,经济的全球化就此凸显,直到现在全球化在经济层面的成就被公认远高于其他层面。随着经济全球化的不断演进,世界各国、各民族在政治与文化上的交流日渐深入,尽管与经济全球化相比其深度、广度明显落后,情况也更加复杂。

马克思、恩格斯将其称为"精神的生产",他们指出:"过去那种地方的和民族的自给自足和闭关自守状态,被各民族的各方面的互相往来和各方面的互相依赖所代替了。物质的生产是如此,精神的生产也是如此。各民族的精神产品成了公共的财产。民族的片面性和局限性日益成为不可能,于是由许多民族的和地方的文学形成了一种世界的文学。"①实际上全球化的最初动力是人类文明的进步与开放。开放是文明进步的有效方式,在开放中各类文明相互学习、借鉴,凝结出更加优秀的成果。虽然在文明层面仍存在"文明冲突"假说,但不可否认的是,无论是国家治理的方式方法还是观念思路,世界各国都开始越来越趋同。世界各国、各民族的交往越发密切,依赖度也逐渐加强,这一方面有利于不同国家、民族人类之间的相互了解与沟通学习,另一方面也造成了人类面临的困境与挑战更具共性。正如新冠疫情,病毒对于人类进行了无差别攻击,任何一个国家和民族都难以在疫情之下独善其身。除此之外还有核扩散、气候变暖、金融危机、网络瘫痪等已形成全球性质的安全威胁。在全球化的发展进程中,人类逐渐形成利益相连、风险共存、责任同担的命运共同体。

在全球化不断推进的同时,"逆全球化"的思想被部分国家加速宣扬。

事实上,全球化逆潮的出现并非偶然,在其进程中虽然大部分国家从中受益,但仍然积累了许多不满。一是虽然全球化对各国发展有利,但所获得的利益少于倡导者所声称的。甚至对于一些国家而言,如果未能采取特定行动,其付出的成本将远大于收益,并且那些提出倡导的国家通常情况下是不会采取措施来抵御这些消极影响的。在管理不善的前提下,很容易就造成经济增长率的下滑,从而增加经济的不稳定性,这样大部分人将陷入糟糕的境地。二是由于全球化被过分夸大,当现实情况难以符合预期情况时,尤其是当民众发现失业岗位远高于就业岗位之时,便将严

---

① 《马克思恩格斯选集》第一卷,人民出版社2012年版,第404页。

重挫伤他们对于全球化信心。三是全球化对于收入与财富会产生强大的分配效应——除非使用补偿措施让收益共享，否则大部分人将在这个阶段情况艰难，但这种措施很少被应用。四是全球化治理的缺乏导致一些错误的产生。就全球化的关键决策制定过程来看，往往是哪个群体的呼声被听到，就会相应地做出有利于该群体的决策。例如早先时期，全球化相关的许多重要决策都是由最富有的发达国家(美国、德国、法国、加拿大、意大利、日本和英国)所组成的七国集团(G7)来制定的，尽管中国和印度占有世界人口的40%，但仍被排除在G7之外，很难有决策权。虽然如今已发生重大变化，但其消极影响已经形成。因此要想优化全球化的运转机制，就要率先进行全球化治理改革，比如给新兴经济体更多的话语权。五是全球化在很大程度上是由发达国家的大型跨国公司和金融机构在运作，同时服务于它们。作为全球化的最大赢家，这些跨国公司和金融机构在试图获取最大化利益时也带来了相当多的损害。即使如美国和其他发达国家一般的受益国，他们中的工人也会因此丧失巨大利益。因而凸显在治理层面，具有决策权的大国——美国，也只是反映了一小部分群体的特殊利益和特定意识形态，即金融和公司利益。六是全球化在一定程度上引发了金融危机，而引发金融危机的主要因素是管制的放松和极度的自由化。虽然一些利益群体是这些政策的倡导者，但他们也为此付出了巨大代价。七是当下的全球化可以且已经对国家内部和国家间的权力分配产生了重大影响。在全球化的进程中造成了诸多国家间的不平等，如美国一般在政治中金钱发挥作用很大的国家已经成为全球化的赢家，同时他们改写全球化的能力在逐步加强，这种能力使他们以牺牲他人的利益为代价而令自己受益。八是由于全球化为各国的底层人士带来了不利影响，各国政府在抵消这些影响的过程中会产生较重的负担。与此同时，全球化更是降低了政府处理问题的能力。许多国家为了降低对公司和个人的压力，给予其他国家更低的税收，而全球化也让这些国家之间展开了激烈的竞争。

虽然全球化因规则不明晰、制约因素过多而备受诟病，但就目前的状况来看，只要西方发达国家开始承担起相应的责任，全球化会被管理得更好。但是，西方发达国家并没有采取让大多数人都可以防止受到不利影响的方式来管理全球化，尽管这样可以带来更高的经济增长、稳定和平等，他们反而让全球化的规则被无限"扭曲"。即使如此，全球化出现的问题也并非无法避免，因为这些问题实际上并不在于全球化本身，而在于其管理方式。因此世界上越来越多的国家开始考虑开放带来的负面影响，也不再认可"开放都是好的"这种自由主义信条。

虽然当下愈加暴露出全球化管理上的不足以及全球治理的脆弱性，但全球化并非造成全球危机的根本性原因，是在一些大国与其政客的推波助澜下，让逆行的浪潮全部无情拍打在它的身上。一时间，悲观论调占了上风，甚至有人断言，全球化已经终结。反全球化力量也由曾经的反全球化思潮、逆全球化政策开始演变为"去全球化行动"。在人类最需要团结协作的时刻，选择放弃全球化，选择倒退式发展，甚至引发国家之间的对战，这显然无益于人类社会的长远发展。

虽然目前无法抑制全球化逆潮，甚至全球化逆潮会长时期存在，但实际上它一直是与助推全球化的力量相伴而生的。全球化逆潮虽然来势凶猛，但目前看来还是难以阻挡全球化进程的，同时全球化确实面临着更深层次的调整。

就当下的发展而言，未来全球化的发展趋势大致会受以下三方面的影响：一是各国政府将会转变发展支持的方向。出于对国内社会经济均衡以及国家安全层面的考虑，政策考量会酌情偏向国内关键产业、关键技术的保护与留驻，将视野转向国内民众的利益，更加重视民众的诉求，政策上着重内向性支持，思路上倾向内向性发展。美国政府已经加大力度推动企业回归与留驻，并承诺给予更多支持。日本政府也开始在资金上支持回迁企业。

尽管各国政府对此颇为上心，仍很难实现企业的回归，哪怕只是大部分回归。因为对于参与全球化的企业而言,只有对外转移经营环节才能保证企业的生存发展。全球化一方面给予了发达国家企业更多生存与扩张的机会,另一方面也给予了发展中国家参与生产的机会,形成优势互补,共同推进世界经济向前迈进。即使现下发达国家政府出资承担搬迁费用,鼓励企业迁回,也难以弥补其在经营成本等方面的损失。因此这些精打细算的企业哪怕决定在国内扩大生产投资,也绝对会保留并长期依赖其在国外的分工生产。例如美国的苹果公司,一旦放弃在其他低成本国家的生产,高昂的生产成本将使其彻底丧失在市场上的竞争力。

二是各国企业将会针对变化的环境与政策进行深化调整。从20世纪90年代起,企业开始着手加速布局全球化经营并构建起基于国际分工的产业链,全球供应链由此逐渐成形。交通、通信的便捷流畅以及全球产业链的稳定供应让许多大企业逐渐放弃库存供应制度,也就此节省了大笔成本,加速了贸易投资的发展,但是依赖全球供应链也有一定弊端,一旦出现突发事故,企业就要承受断供的风险和后期影响。日本曾因核事故与地震问题造成供应链中断,对国内外企业造成了极大影响。可以预计的是,未来企业将会对产品的供应环节进行大规模调整,保证关键环节的安全性。虽然突发事故对企业经营冲击颇大,但很多调整并不仅仅是源于此,更是因为经营环境发生了改变。比如,由于曾经的中国生产成本低廉,许多企业都在中国完成生产链上的加工环节,随着中国人力成本的上涨,生产地必然会被迁到成本更低的国家,但是一些产品的销售市场主要在中国,因而这类生产不会随之搬迁,甚至会随着消费需求的扩大而继续扩大生产。影响企业效率的一大基本要素是成本,全球化之所以能够被企业推动,就是因为它为企业提供了降低成本的机会和平台。企业为了自身的生存发展,是不会轻易放弃经营许久的全球化的,面对突发事故,企业的全球化战略也仅是调整,而非全盘摒弃。

三是全球化自身也会根据形势调整发展。当下虽然一些传统行业遭受了毁灭性的打击,但也催生了一系列新的行业,例如,公共卫生产品的国际交易大幅增加,大数据、大网络技术加速升级、迅速扩张,诸如网络视频、网络教育、网络娱乐、线上销售等的国际化加速,像原来名不见经传的ZOOM(视频会议软件),一举成为全球性的视频网络,得到前所未有的快速发展。空间化与全球化是网络数据产业的突出特征,更是独到优势,原来的许多产业链为了使供应链在疫情环境下更具稳定性和安全性,都可能会在构造上借助大网络、大数据来进行调整。

目前看来,全球化作为整体大趋势,肯定会持续下去,但确实面临着全新的拐点。因此当下更重要的是如何消解负面影响,抵御全球化逆潮,使其更加健康发展。当下人类需要更理智地看清,在全球化时代,没有一个国家可以成为孤岛。各个国家、民族要反省如何从自身做起,将全球化推入一个更健全的境界。作为参与全球化运转的一员,要始终坚定认清全球化的发展核心——实现全球所有人的共同发展,因此全球化下一步的调整必定不能如以往一般只关注部分群体的利益,而是要关照全球所有人的共同发展,形成一种全新的全球化模式,人类应排除万难从以下三方面来推动全球化发展转型。

一是坚持建立人类未来命运休戚与共的理念。一直以来诸多全球性问题都与人类命运未来息息相关,各类全球性挑战日后不会避免,譬如目前备受关注的全球气候变化问题,都会直接影响到全人类的命运与未来。因此我们需要全球化的存在,更需要通过全球化将人类团结起来,深入合作,凝聚全人类的智慧,共同应对愈加错综复杂的全球性挑战,保证人类与人类社会的稳定和可持续发展。

二是坚持共商共建共享的基本原则。曾经的全球化发展令自然资源、经济财富、政治权利被少数国家、少数人占据,不但未能改善全球发展的不平衡、不均衡问题,反而强化了参差。其中一个很重要的原因就是其中较为弱势的发展中国家缺乏全球治理的话语权。在今后的全球化构建中,我们要切实实现人类的融合性发展,让所有国家、所有人都从中得到益处。因而务必坚持共商共建共享的基本原则,形成共同发展的态势,改善全球治理体系,让不同国家都参与到全球治理中,促进全人类共享全球化带来的红利。

努力实现全球化转型发展目标。在联合国大会第七十届会议上,193个会员国一致通过了《2030年可持续发展议程》,该议程一方面很好地体现了人类追求和平正义、平衡效率公平、发展经济、消除贫困,以及促进社会发展和环境保护等重要发展目标;另一方面也较好地体现出几乎所有国家及其人民的发展诉求与期冀,富有较强的兼容性。

三是结合实际推进全球化转型升级。世界本就多元,世界各国的社会经济发展水平和历史背景、民族文明全然不同,不同时期的具体境况也将愈加复杂多变,因此"一刀切"式的全球化发展路径势必会引发问题。面对更繁杂的环境,全球化也应向多元一体的方向迈进,以更多样的方案应对发展中可能出现的弊害,以不同途径推进全球化的转型升级,最终殊途同归,形成一个更优质的全球化。

第二节 构建人类命运共同体理念的发生与展开

无论是古希腊时期的城邦共同体,还是中华传统文明中的"世界大同",都是人类早期对于共同体思想的探索。在此基础上,马克思在探索人类解放道路的过程中,形成了马克思共同体思想。构建人类命运共同体理念是在继承中华优秀传统文化的基本特征与理想追求的前提下,借鉴与吸纳了西方文明中的有益成果,发展了马克思、恩格斯所提出的"共同体"思想而形成的,经历了理论的概括与实践的总结,是新时代中国和平发展道路的外在体现。

一、一以贯之的人类情怀

中华文明是世界文明中唯一一个历经千年,饱受磨难,却延续至今且愈发凸显生机的文明。中华文明之所以延续至今,与中华民族爱好和平、和睦的文化特质有关。天下太平、共享大同是中华民族绵延数千年的理想,对和平、和睦、和谐的追求是中华民族几千年来鲜明的精神标识。

两千多年前,中华文明就开始了与其他文明的交流、互鉴,不仅留下了互利合作的足迹,而且促进了东、西方文明的交流、借鉴、传播,以及留下了与沿路各个国家、民族友好交往的佳话。

鸦片战争后,一部分有识之士已经认识到世界是一个统一体,闭关自守已不可能。即使在外敌入侵、内部战乱给中华民族带来了深重灾难的情况下,具有人类情怀和天下意识的中国人仍然提出要追寻"至平、至公、至仁"的"大同太平之道"①。中华民国成立之后,孙中山在追求民族独立、民族自强的过程中,同样强调中华文明对于世界文明的"大责任"。他说:中华民国政府和人民要"同尽天职","使中华民国从今而后得享文明之进行,使世界舞台从今而后得享和平之福"②。

20世纪初,受世界主义思潮的影响,早期的共产主义知识分子便将中国问题放置于世界面进行考察,他们坚信"我们虽是中国人,我们的眼光终须放在全世界上来。我们不必想取捷径,也不必畏难苟安,全世界无产阶级为创造新社会所共负的艰难责任,我们也应当分担起来。世界上只有一个共产主义能使这个责任无国界无地界地放在无产阶级地肩上,也只有他能使中华民族得列于人类中间彼此一视同仁"③。

中国共产党不仅是为中国人民谋幸福、为中华民族谋复兴的政党,也是以贡献人类社会为责任和追求的政党。"为全人类谋取最大的幸福"④是中国共产党自成立之日起就确定的目标与使命。

在革命、建设年代,中国共产党人始终坚持"不但求一国的和平,而

---

① 吴雁南、冯祖贻、苏中立、郭汉民主编:《中国近代社会思潮》(第1卷),湖南教育出版社1998年版,第507页。

② 《孙中山全集》第二卷,中华书局1982年版,第318页。

③ 伍豪:《共产主义与中国》,《少年》1922年第2期。

④ 《李富春选集》,中国计划出版社1992年版,第1页。

且求世界的和平"①的理念。1954 年新中国制定的第一部宪法中载明:"在国际事务中,我国坚定不移的方针是为世界和平和为人类进步的崇高目的而努力。"②毛泽东更是明确指出:"所谓天下大事,就是解放、独立、民主、和平友好、人类进步。"③作为新中国外交事业的奠基人与开创者,周恩来满怀激情地展望未来,指出:"人民的国家给大家找到一个共同的目标,从新民主主义到社会主义直到共产主义,逐步消灭一切束缚人类发展的阶级和反动势力,实现真正的进步和自由。"④改革开放后,邓小平也强调,中国的发展离不开世界和平的环境,强调始终不渝的关注人类生生存和世界命运。他说:"我荣幸地以中华民族一员的资格,而成为世界的公民。"⑤1987 年 5 月,邓小平在会见荷兰首相吕贝尔斯时表示:"国家总的力量就大了,可以为人类做更多的事情","我们就是有这么一个雄心壮志"⑥。江泽民也对建立国际关系的新理论进行了阐发。他说:"中国发展和强大起来也绝不谋求霸权,绝不会对任何国家构成危胁,而且中国作为维护世界和平与稳定的重要力量,必将对人类作出更大贡献。"⑦进入新世纪新阶段,随着中国综合国力的显著增强,人民生活水平的明显改善,胡锦涛多次谈到:"我们的国家将更加繁荣富强,人民的生活将更加幸福安康,中华民族将为人类作出更大贡献。"⑧

　　基于世界格局的演变和人类文明的发展走向,以习近平同志为核心的党中央以更高的历史站位、更宽广的历史视野,指出:"当今世界,人类生活在不同文化、种族、肤色、宗教和不同社会制度所组成的世界里,各国

---

① 《毛泽东外交文选》,中央文献出版社 1994 年版,第 11 页。
② 《建国以来重要文献选编》第五册,中央文献出版社 1993 年版,第 522 页。
③ 《毛泽东外交文选》,中央文献出版社 1994 年版,第 224 页。
④ 《周恩来选集》下卷,人民出版社 1984 年版,第 30 页。
⑤ 《邓小平年谱　1975—1997》下册,中央文献出版社 2004 年版,第 714 页。
⑥ 《邓小平文选》第三卷,人民出版社 1993 年版,第 233 页。
⑦ 《江泽民文选》第一卷,人民出版社 2006 年版,第 481 页。
⑧ 《十六大以来重要文献选编》(上),中央文献出版社 2005 年版,第 493 页。

人民形成了你中有我、我中有你的命运共同体。"①这是对人类文明发展、演进的方向作出的高度概括。

二、构建人类命运共同体理念的提出

构建人类命运共同体理念是新时代中国和平发展道路的外在体现。它的提出经历了从概念抽象到理论深化的过程。首先是"命运共同体"这一概念的提出。2012 年 12 月 5 日,习近平在同外国专家代表座谈时首次阐述了"命运共同体"的重要概念。② 此后,习近平在国内外各种公开讲话与文章中多次提及这一重要概念。

其次,习近平提出了构建人类命运共同体的可行性路径。2013 年 10 月 24 日,在周边外交工作座谈会上,习近平强调,要"让命运共同体意识在周边国家落地生根"③。2015 年 3 月,在博鳌论坛的演讲中,习近平提出了迈向命运共同体的"四个必须坚持",从而形成了打造人类命运共同体的总布局和总路径。

最后,随着国际形势、世界格局的不断变化,人类命运共同体理念的内涵不断丰富。在 2017 年的新年贺词中,习近平呼吁国际社会应携起手来,"秉持人类命运共同体的理念"④,共同建设更加和平与繁荣的世界。在中国共产党第十九次全国代表大会上,习近平总书记进一步深化了这一理念,指出:"坚持推动构建人类命运共同体,始终做世界和平的建设者、全球发展的贡献者、国际秩序的维护者。"⑤

系统来看,构建人类命运共同体理念具有丰富的内涵。

首先,它致力于全人类的发展与进步,是对"自由人联合体"思想的

---

① 《习近平谈治国理政》,外文出版社 2014 年版,第 261 页。

② 习近平:《中国是合作共赢倡导者践行者》,《人民日报》2012 年 12 月 6 日。

③ 习近平:《为我国发展争取良好周边环境 推动我国发展更多惠及周边国家》,《人民日报》2013 年 10 月 26 日。

④ 习近平:《二〇一七年新年贺词》,《人民日报》2017 年 1 月 1 日。

⑤ 习近平:《二〇一七年新年贺词》,载《人民日报》,2017 年 1 月 1 日。

继承和发展,契合人类社会发展的美好愿景。马克思、恩格斯在系统考察了人类文明史后,按照生产关系把人类社会共同体的发展划分为三个阶段。最初是在狭小的范围内自然形成的原始共同体。由于生产力低下,原始共同体以血缘关系为纽带,共同占有生产资料、共同劳动、消费资料平均分配。在原始共同体阶段,人与人之间的依赖较强,个人的发展十分受限。随着生产力的发展和生产工具的进步,逐渐形成了依赖市场和货币的自然共同体。在这一阶段,"劳动者被异化为资本家赚取利润的工具,个人的全面自由发展只是一句空洞的口号罢了"[1]。因而,人的发展也是片面的、受限的。随着资本主义的消亡,生产力的进一步提升,自然共同体将会逐渐解体,形成"每个人自由而全面的发展"的"自由人联合体"。"在那里,每个人的自由发展是一切人的自由发展的条件。"[2]人类命运共同体思想正是基于马克思、恩格斯"自由人"联合体的观点,提出要各个民族、各个国家在平等、独立、自主的基础上,共同创造亚洲文明和世界文明的美好未来,是对马克思主义共同体思想的创新,是从"虚幻的共同体"提升到"真正的共同体"的历史性起点。

其次,构建人类命运共同体理念汲取了中华传统文明和西方文明的精华,立足于人民,着眼于世界,是东西文明的集大成者。第一,东方文化自古以来便强调"兼爱非功""以和为贵",更以"天下为公"作为政治理想并希望构建起一个"天下大同"的理想世界。习近平总书记多次强调:"中国历史文化积淀深厚、涵量广博、底蕴丰富,构建人类命运共同体要积极发掘中华文化中的处世之道和施政理念,通过从中汲取精华和营养找寻同当今时代精神、发展潮流和世界大势的契合点、共鸣点。"[3]第二,构建人类命运共同体理念是对西方文明的有益成果的借鉴与吸收。尤其

---

① 唤元、秦龙:《人类命运共同体:理论溯源、价值意蕴、国际影响》,《广西社会科学》2018 年第 7 期。

② 《马克思恩格斯文集》第一卷,人民出版社 2012 年版,第 422 页。

③ 习近平:《推动全球治理体制更加公正更加合理,为我国发展和世界和平创造有利条件》,《人民日报》2015 年 10 月 14 日。

是西方文明中的世界主义思想和世界政体思想的发展与创新。从柏拉图的理想国到亚里士多德的城邦政治①,再到文艺复兴时期——18世纪欧洲启蒙学者倡导的"世界主义"精神。欧洲文艺复兴时期的开拓者——但丁在《论世界帝国》中阐述了其建立统一天下的世界帝国的理想。"只有服从理性,只有全心全意为实现人类的目标而奋斗,人类才有自由。这样的自由只有在世界政治机构的治理下,才有实现的可能。"②"为了使世界得以大治,有必要建立一个世界政体。"③但丁还对理想的世界政体进行整体设计,认为这种世界共同体应当是统一基督教帝国的教权、王权。此外,戴维·赫尔德按照世界民主模式的要求,在理论上也对实现跨越国界的民主政治体系、机制等绘画了蓝图。包括印度前总理尼赫鲁倡导的"世界一家"等,都是构建人类命运共同体这一倡议的重要思想来源。

最后,构建人类命运共同体理念将中国特色社会主义共同理想与共产主义远大理想相结合,是对中国革命实践及新中国外交经验的总结与创新,是马克思主义与中国具体实际和时代特征相结合的最新成果,是21世纪马克思主义的对外交往理论。新中国成立以来,中国共产党人在处理中国与世界的关系时提出了一系列富有中国特色、中国智慧的外交理论。1955年召开的万隆会议,会上发表了《关于促进世界和平与合作的宣言》,周恩来正式提出和平共处五项原则,为构建人类命运共同体提供了基本的原则指导。20世纪70年代,毛泽东根据世界形势和国际格局的演变,提出了"三个世界"的划分,为构建人类命运共同体提供基础的理论遵循。改革开放之初,邓小平就应当怎样对待人类的文明成果指出:"社会主义要赢得与资本主义相比较的优势,就必须大胆吸收和借鉴人类社会创造的一切文明成果。"④江泽民则在科学分析世界形势和时代

---

① 亚里士多德强调,人是一种城邦动物,他所设想的就是人类能够在一种优良的城邦这种共同体中互相保持和谐而生活。

② [意]但丁:《论世界帝国》,朱虹译,商务印书馆出版1985年版,第16页。

③ [意]但丁:《论世界帝国》,朱虹译,商务印书馆出版1985年版,第20页。

④ 《邓小平文选》第三卷,人民出版社1993年版,第373页。

潮流的基础上,倡导积极推动国际政治经济新秩序。进入21世纪,胡锦涛明确提出了要构建和谐世界。党的十八大以来,以习近平同志为核心的党中央在处理新型国际关系和构建新型国际秩序方面,深入阐发了以合作共赢为核心的构建人类命运共同体理念。这一重要理念,既是对中国共产党人外交理念的一脉相承与发展,也是在新的国际形势下对新中国外交理念的积极推进与创新。

综上,习近平总书记关于人类命运共同体的科学构想契合人类文明发展的美好愿景,继承、发展了马克思、恩格斯所提出的"共同体"思想,体现了中华优秀传统文化的基本特征与理想追求,是对西方文明中有益成果的借鉴与吸纳,是新中国成立以来中国共产党一以贯之的外交理念的继承与发扬、开拓与创新,是21世纪中国特色社会主义大国外交思想与实践的行动纲领和指南。

第三节 构建人类命运共同体理念的中国选择

构建人类命运共同体是新时代中国在外交领域率先提出的全新发展思路,经历了一步步的理论概括与实践总结,形成了构建人类命运共同体理念。构建人类命运共同体理念成为解答"人类从哪里来、现在在哪里、将到哪里去"这一基本问题的中国方案和实现全人类的福祉、共建美好世界的中国选择。

习近平总书记曾多次强调共同体理念,并根据不同场合及内容,对共同体理念进行分化和细化,涵盖自然、社会等多个方面。在2017年12月举办的中国共产党与世界政党高层对话会上,习近平总书记在主旨演讲中首次对人类命运共同体作出权威定义。习近平总书记指出:"人类命运共同体,顾名思义,就是每个民族、每个国家的前途命运都紧紧联系在一起,应该风雨同舟,荣辱与共,努力把我们生于斯、长于斯的这个星球建成一个和睦的大家庭,把世界各国人民对美好生活的向往变成现实。"①这一权威定义告诉我们,构建人类命运共同体,一方面是人类社会历史发展的必然趋势,另一方面更是各个国家、各个民族人民的共同期待。

一、植根于人类社会历史发展的必然趋势

当前人类社会正在经历深刻变化,经济全球化的迅猛发展让各国之间的联系与依存更为密切。愈加紧密的联结也令诸多世界性问题暴露出来,困难与挑战逐一展露在人们面前,"各种全球性威胁和挑战层出不穷"②。因此,人们开始寻求一条能够切实解决当前困境,应对各类全球性挑战的全新道路。对此,习近平总书记指出:"应该本着相互尊重、合作共赢的精神加以妥善解决"③,"通过对话找到各方关切的最大公约数"④。在中国看来,只有不断促进世界公平正义,求同存异,才能让世界人民携起手来,共同应对时代困境,创造一个"持久和平、共同繁荣的和谐世界"⑤。

中国在不断探索破局之法的过程中,始终在探究解决人类困境的关键因素。早在百年之前,马克思、恩格斯就曾指出,"历史活动是群众的事业,随着历史活动的深入,必将是群众队伍的扩大"⑥,阐明人民是历史的创造者,是推动历史前进的决定性力量。因此人类命运共同体的构建无法脱离"现实的个人"而存在,要想实现社会变革,必定要依靠广大人民群众的力量。同时,"只有在集体中,个人才能获得全面发展其才能的

① 习近平:《携手建设更加美好的世界》,《光明日报》2017年12月2日。
② 《习近平谈治国理政》第一卷,北京外文出版社2014年版,第323页。
③ 习近平:《论坚持推动构建人类命运共同体》,中央文献出版社2018年版,第20页。
④ 《习近平谈治国理政》第一卷,北京外文出版社2014年版,第316页。
⑤ 中共中央文献研究室编:《十七大以来重要文献选编》(上),中央文献出版社2009年版,第36页。
⑥ 《马克思恩格斯全集》第二卷,人民出版社1957年版,第104页。

手段,也就是说,只有在集体中才可能有个人自由"①。人类要想实现个人的"全面发展",也需要借助"共同体"所带来的基础性保障,因此,构建人类命运共同体是每个人实现个人发展的重要依托。

二、着眼于世界人民的共同期待

"以人民为中心"既是马克思主义唯物史观的根本观点,也是中国共产党的执政理念,更是中国倡导构建人类命运共同体理念的主线。在《携手构建人类命运共同体:中国的倡议与行动》白皮书中明确指出:"相互依存是历史大势。"②因此,一方面要汇集世界各族人民群众的主体力量、凝聚共识,共同实现人类命运共同体的构建;另一方面要在构建人类命运共同体的进程中真正做到成果共享,让发展惠及世界各国人民。正如由中国所倡导的共建"一带一路",其倡议源于中国,机会和成果却属于世界,由世界人民共同享有。共建"一带一路"是构建人类命运共同体的生动实践,在共建"一带一路"的过程中,"民心相通不断促进,一条条'幸福路'、一座座'连心桥'、一片片'发展带'在共建国家不断涌现,菌草、水井、杂交水稻等'小而美、见效快、惠民生'项目扎实推进,不断增进共建国家民众的获得感、幸福感"③。这也正如习近平总书记所讲的:中国在发展中力求为广大人民群众带来实实在在的利益,让亿万人民群众在发展中取得更多的获得感,这一方面是我们的发展的意义,另一方面也是实现持续发展的必由之路。同样,合作共赢、共同发展,让各国人民更好共享发展成果,造福各国人民,也正是构建人类命运共同体的重要目标。

---

① 《马克思恩格斯选集》(第一卷),人民出版社1972年版,第82页。
② 《携手构建人类命运共同体:中国的倡议与行动》,中国政府网,https://www.gov.cn/zhengce/202309/content_6906335.htm。
③ 《携手构建人类命运共民体:中国的倡议与行动》,中国政府网,https://www.gov.cn/zhengce/202309/content_6906335.htm。

三、根植于中国的深厚历史文化

构建人类命运共同体理念源自中国深厚的中华文化。中华文化始终讲求"天下一家",倡导"德不孤,必有邻",更是以"和合共生"为追求,渴望构建"天下为公"的美好世界。中国共产党作为马克思主义政党,更是致力于全人类的解放,在为中国人民谋幸福、为中华民族谋复兴的同时,更为人类谋进步、为世界谋大同。中国共产党执政 75 年来,中国始终坚持推进世界和平发展,倡导世界各国友好合作、互惠共赢,弘扬全人类共同价值,为人类社会进步贡献中国力量。

第四节　构建人类命运共同体理念的世界认同

习近平总书记在诸多国际性场合提及人类命运共同体这一理念,并得到各国各界的支持。

在学术界,英国牛津大学学者易思提出:"在我们见证了过去四年单边主义带来的危害之后,习主席再次强调全球化及多边主义,这更有说服力,让我觉得更亲切。各国历史文化和社会制度差异自古就存在,这是人类文明的内在属性,大家可以和平共处,而一些国家还没有认识到这一点。"①在政界,老挝人民革命党中央对外联络部部长顺通提出:"当前形势下,我们愈发认识到世界各国守望相助的必要性,认识到推动构建人类命运共同体十分重要和紧迫。"②

---

① 《多国人士积极评价习近平主席在"达沃斯议程"对话会上的特别致辞》,央视网,2021 年 1 月 27 日。

② 《"诠释老中守望相助、共同抗疫的生动实践"(患难见真情　共同抗疫情)——访老挝人民革命党中央对外联络部部长顺通》,《人民日报》2020 年 4 月 22 日。

在世界政党高层对话中,印共全国理事会成员阿文德·库马尔·施里瓦斯塔瓦曾表明当今世界发展需要共建美好世界,当前的中国已经进入新的发展阶段,在关注自身发展的同时,也时刻关注着世界面临的巨大变化与诸多危机。他认为,通过构建人类命运共同体这种方式,最终可以建设起一个更美好的世界。比利时法语社会党副主席克里斯蒂娜·维耶娜也提出:"今天我们需要改变过去的一些陋习,把人类的共同利益放在前面考虑,建立人类命运共同体,让那些没有办法发声的人民有机会表达自己的概念和想法。"①尼日尔争取民主和社会主义党第一副总书记卡拉·安库拉奥也讲道:"对所有人而言,无论观点是否相同,都可以齐聚一堂,共同推进命运共同体建设,以建立一个共享的现代化世界,为人类谋福祉。"②他认为,全球化发展至今,中国的发展经验是值得并可以借鉴的,只有合作才能为国家和政党带来成功。同时"构建人类命运共同体现了中国的战略远见","对于全人类而言都是至关重要的",要想构建起人类命运共同体,就需要"更普惠的、包容性的发展"③。

由此可以看出,面对始终践行人类命运共同体理念的中国,世界各方都予以高度评价;面对全球性的发展与危机,人类命运共同体理念也得到广泛认同,更加深入人心。

---

①　宋涛主编:《携手构建人类命运共同体——中国共产党与世界政党高层对话会文集》,当代世界出版社 2018 年版,第 263 页。

②　宋涛主编:《携手构建人类命运共同体——中国共产党与世界政党高层对话会文集》,当代世界出版社 2018 年版,第 265-266 页。

③　宋涛主编:《携手构建人类命运共同体——中国共产党与世界政党高层对话会文集》,当代世界出版社 2018 年版,第 266 页。

第三章　构建人类命运共同体的文明意蕴

人类命运共同体是以全人类共同价值为理念,以世界各国人民互利共赢为目标,旨在减少文明之间的隔阂,克服"文明冲突论""文明优越论"的思维误区,建构起的一种全新的人类文明发展形态。构建人类命运共同体不是构建精神上的乌托邦,而是在世界各国人民的共同努力、相互信任包容下,重塑一个更加美好的新世界。人类命运共同体从理念的提出到思想的形成再到实践路径的探索,文明逻辑贯穿始终,人类命运共同体的建构是人类文明宏观发展方向与微观发展标的的统一。在文明视域下,人类命运共同体承担着人类文明发展之责,为人类的前景提供了十分深远且可供参考的文明方案。

第一节　探寻人类文明发展的进步方向

两次世界性战争已成为全人类的心灵伤痕,百年以来和平与发展成为世界人民的共同愿景,也成为人类前行与文明进步的主旨要义。战后的殖民地国家开始逐步觉醒并为独立自主、摆脱桎梏而奋力抗争,以寻求更加平等的待遇与更加公正的发展。冷战结束后,两极的对立态势表面上已瓦解,各国也将目光投向国际的合作与发展,以缓和冷战带来的经济、政治以及文化交流上的停滞。随着时代的更迭,和平与发展这一目标并未被更改,反而更加受到全人类的瞩目。时至今日,虽然人类社会进程仿佛被按下了加速键,但在急速发展的当下,更多新形式的挑战、更多新方向的变革、更多新层面的矛盾,以及更多新种类的风险频出,和平与发展之路仍旧任重而道远。世界各国、各领域都曾为人类共同家园的建造开出"药方",但似乎收效甚微,面对人类社会发展的"时代之问",中国以全人类共同价值为出发点,以推进世界和平接续前行、全球持续繁荣发展、人类文明血脉赓续为方向,作出了中国应答,提供了中国方案,提出构建人类命运共同体。

中国共产党带领中国人民始终将推进构建人类命运共同体作为自身使命,在思想领域不断推动整体意识的塑造与传播,在国内、国际实践中又不断丰富其内涵并加以阐释,经过理论与实践的打磨,人类命运共同体由意识理念展开为"五大方面"的总体布局,落实为"五个世界"的总体路径,并始终坚持公正平等的基本遵循,以合作共赢为最终目标,为人类未来发展开辟出全新方向。

一、公正平等的基本遵循

人类命运共同体的构建绝不是乌托邦式的理想主义,而是目标清晰、遵循明确的发展方向。在世界历史进程中,世界各国之间的交流始终存在,并在全球化时代愈加紧密,这也要求国际秩序的建立进一步符合更多国家的利益要求,并让公正平等成为基本要义。长期以来,国际秩序建立于各国综合实力的基础上,但随着科学技术的发展、国际力量的变化以及世界人民对于平等的广泛诉求,国际秩序已经重建。

科学技术是国际秩序发生变革的重要力量。随着人类科技的大规模变革,原本依赖地理区位、自然资源、人口数量等优势发展的国家已不再具有绝对性优势。同时,科技的共享让更多国家开始缩小与发达国家的差距,伴随着先进技术的扩散,传统型资源对于国家实力的影响开始降低,而技术型资源开始发挥更大作用。人类历史上的四次科技革命不仅提升了生产力,改变了人们的生活环境,更让国际秩序发生了深刻的变化。尤其是进入第四次科技革命后,许多中小国家开始抢占先机、寻求发展,科技成为新时期国家竞争的核心领域,同时科技发展带动了诸多全新产业的兴起,让更多国家拓宽了发展渠道。

科学技术的进步让更多发展中国家开始崛起,并逐步形成一个整体力量,共同要求更加公平合理的国际政治经济新秩序。第二次世界大战结束后,越来越多的第三世界国家开始走向独立自主的道路,并在国际上争取更多国家主权利益。在经济领域,以中国为代表的新兴经济体快速发展,对国际原有的经济与贸易格局带来了冲击,自 2010 年中国超越日本成为世界第二大经济体后,其在世界上的综合影响力也同步提升,并更多参与到国际事务管理中来,寻求更广泛的制度话语权。

国际力量的变化也让原本蕴含诸多"不平等"的国际秩序走向崩溃,在世界范围内寻求公正平等的声音愈发响亮。原有的非对称性国家关系随着西方世界整体力量的衰落而走向终结,发展中国家在实力与国际地位上的提升让其更加重视在双边关系上的对等。在此基础上,诸多世界性公约与法律被逐步制定,以作为国际秩序的有力保障。如蕴含着国际人道主义精神的《日内瓦公约》,以及宣扬主权平等的《联合国宪章》,以和平共处五项原则为基础的万隆精神等。

无论是科学技术的发展、国际力量的变化还是世界人民对于平等的广泛诉求,都奠定了国际关系变革的基础,也为人类命运共同体的构建提供了基本遵循。

在这被普遍理解与认同的一系列原则之中,根本原则是国家主权的平等,核心要义是国家之间的主权尊重与内政独立,这一原则始终作为第二次世界大战以来百年中国家间的关系准则,也成为"所有世界组织与国际结构的首要共同遵循"①。在这一原则基础上,化解国际纷争的形式也以和平谈判、协商对话为主导。

二、"五个世界"的总体路径

人类命运共同体思想作为一种理论,在逐渐转化为实践的过程中,也对实现路径进行了有效探索。习近平总书记立足人类社会发展新时代,以百年间国际关系演变始终遵循的一系列原则为基本遵循,将构建人类命运共同体的总体路径高度概括为"五个世界",即坚持对话协商,建设一个持久和平的世界;坚持共建共享,建设一个普遍安全的世界;坚持合作共赢,建设一个共同繁荣的世界;坚持交流互鉴,建设一个开放包容的世界;坚持绿色低碳,建设一个清洁美丽的世界。② 为解决世界各类乱象,消弭人类文明冲突提供了"中国钥匙",切实做到了思想与行动的统一,理论与实践的结合,在指明人类前进方向的同时筑造起可供前行的坚实道路。

(一)坚持对话协商,建设一个持久和平的世界

在构建人类命运共同体的政治视野中,希望能够坚持对话协商,建设一个持久和平的世界。从古至今,战争带给人们的永远是痛苦与伤害,随着人类科技的进步与世界格局的变化,战争的波及范围与破坏程度逐渐加深。两次世界大战结束后,为维护国际的和平与安全,由主权国家组成了政府间国际组织——联合国。联合国的建立让世界迎来了相对和平的发展空间,但战争的根源并未被完全消除,冲突与对抗依旧存在,对于未来的境况世界人民仍处于不确定状态。因而要想真正构建起人类命运共

---

① 杨洪源等著,颜晓峰、杨群主编:《构建命运共同体的人类文明》,社会科学文献出版社 2022 年版,第 44 页。

② 习近平:《论坚持推动构建人类命运共同体》,中央文献出版社 2018 年版,第 418－422 页。

同体,必须保证世界的和平,务必遏止战乱与冲突的发生。

自古以来中国就是一个向往平等交往、和平共处的国家,这也是中国一如既往所坚持的外交方略。在处理国家之间的关系时,中国始终坚持"不结盟、不对抗、不针对第三方"的立场,这既是中国对以往外交历史的规律总结,也是基于当下国际关系的创新。国家之间并不是不"结盟"即"对抗"的二元对立,而应该在保留自身独立性与特殊性的同时,共同维护国际持久和平、推动世界发展。在此原则之下,大国更应处理好与小国、与其他大国之间的关系,平等尊重、一视同仁,在不侵害他国核心利益的同时把控好分歧与矛盾,多以对话协商的方式化解冲突,消解当前的对抗形势,营造更加和谐稳定的国际局面。

伴随着科技的发展,战争所涉及的规模以及对人类物质、精神文明的摧毁程度在加深,核武器的加入让人类很难想象未来战争的残酷性。因此任何国家都不能随意发动战争,否则有可能带来全人类的灾难。自从核武器面世以来,人类战争就进入一个新的以核武器为基础的时代。基于核武器的巨大破坏性,各个国家在重视核武器的同时也忌惮核武器,它可以赋予一个国家极大的战争潜力以及显赫的国际地位,但也对全人类形成了一种威胁,因此核武器的使用一直被强力控制。当下,核威胁仍然在部分地区存在,中国作为一个核武器拥有国曾多次郑重宣布:无条件地不首先使用核武器,无条件地不对无核国家和无核地区使用或威胁使用核武器。中国发展核武器也是出于自我防御考虑,是为了打破核大国的核垄断、核讹诈,防止核战争,消灭核武器的举动。20世纪90年代以来,中国先后加入了《不扩散核武器条约》《核安全公约》,以实际行动保障世界核安全。习近平总书记也曾明确强调:"应该全面禁止并最终彻底销毁,实现无核世界。"[1]因为和平而被建立的人类命运共同体不应长期处于核武器的威胁之下,全人类应共同推进无"核"世界的到来。

---

① 习近平:《论坚持推动构建人类命运共同体》,中央文献出版社2018年版,第419页。

新兴科技带领人类探索了更多未知领域,从深海、太空到互联网、元宇宙,新领域的出现让人类的生产生活方式发生了革命性的变化。如何看待新领域的拓展,如何应对新质生产力的发展,成为亟待解决的现实问题。以往帝国主义国家在传统领域的瓜分上采取了血腥残酷的掠夺手段,人类社会发展不应重蹈覆辙,更不能导致更深层次的伤害。因此,面对新兴领域的开发,习近平提出了"和平、主权、普惠、共治"的原则,同时指出要"打造成各方合作的新疆域,而不是相互博弈的竞技场"①。这一主张指明,应对时代进程中新领域的探索与开发,世界各国应在机会平等的基础上协商合作,最终达成互利共赢。

在此基础上,人类命运共同体的构建也应以协商对话、平等合作为基本形式,在全人类的共同努力下,打造一个"对话不对抗、结伴不结盟",全方位多领域深化合作、平等发展、互利共赢的美好世界。这并非理想主义的"乌托邦",也不是纸上谈兵的意识幻想,而是中国以现实发展为基础,用自身实践有力推动人类社会发展的宏伟蓝图。中国在提升自身综合国力的同时,也始终强调促进与其他国家之间的交往对话。党的十八大以来,习近平主席多次出访各国并接待多国来访元首,与许多国家结下深厚友谊,并坚持推进人类命运共同体理念的传播,让世界人民深切感受到中国对于世界未来发展的重视以及构建人类命运共同体决心与毅力。

（二）坚持共建共享,建设一个普遍安全的世界

在构建人类命运共同体的安全视野中,期望可以坚持共建共享,建设一个普遍安全的世界。当今世界虽然总体处于一个相对和平的状态,但来自恐怖主义、生态环境、卫生健康、网络信息等方面的安全威胁始终存在。近年来国际安全形势总体处于可控状态,但世界人民仍可感受到来自多方面的冲击,全球安全治理依旧任重道远。

① 习近平:《论坚持推动构建人类命运共同体》,中央文献出版社 2018 年版,第419 页。

恐怖主义威胁着全世界人民的生命、健康、财产安全,近年来部分地区时有出现的恐怖袭击提醒着各国,应团结起来共同对抗恐怖主义。只有各国共同面对,团结协作,建立反恐联盟,组成世界反恐统一战线,才能对恐怖组织形成震慑,从根本上消除恐怖主义带来的威胁,让世界人民更有安全感。

地球是人类唯一家园,生态环境的安全保障着世界人民的安居乐业。随着时代的变迁,生态环境安全作为"非传统安全议题"被提上议程。作为一项重要的全球性议题,生态环境安全与世界各国发展息息相关,气候变化、海洋污染等问题也成为国际社会的共同挑战。在中国,党的十八大报告首次明确提出"全球生态安全",强调中国不仅要为本国人民创造良好的生产生活环境,也要为全球生态安全作出贡献。因此,想要真正保证人类的生存与发展,世界各国务必凝聚共识,久久为功,不懈努力,共同维护全球生态环境安全。

新冠疫情的出现让全球人民感受到来自世界性流行疫病的威胁。纵使现代医疗科技发展迅猛,在面对突如其来的疫情,在疫病的防治与应对上诸多国家并未交出令人满意的答卷。部分国家面对汹涌的疫情选择"甩锅"推责,而有的国家更是选择放弃抵抗,不论哪种表现实际上都是对世界人民生命健康的不负责任。部分国家和地区由于自身医疗水平有限,难以凭自身能力应对疫情,对此应当"坚定不移推进抗疫国际合作,共同推动构建人类卫生健康共同体,共同守护人类健康美好未来"①。只有坚持人民至上、生命至上,以公平合理为基本理念,系统完善世界治理体系,科学应对、统筹兼顾,才能同舟共济,跨越"免疫鸿沟",筑起国际卫生安全的铜墙铁壁,保障世界人民的生命健康安全。

信息时代的到来让世界人民更加紧密,同时也带来了新的安全挑战,互联网作为一把双刃剑,在提升人类发展速率的同时也带来了新的国际

---

① 《习近平外交演讲集》第二卷,中央文献出版社 2022 年版,第 340 页。

安全挑战。网络空间逐步成为世界各国竞争对抗的重要战场,维护网络信息安全也成为维护世界安全的重要组成部分。然而,国家之间的网络信息较量层出不穷,已经从传统的病毒传播、黑客入侵等上升到情报窃取、远程监控、信息对抗、网络威慑等新型攻击手段。习近平在第二届世界互联网大会开幕式上指出,面对当前互联网领域日益凸显的问题,"国际社会应该在相互尊重、相互信任的基础上,加强对话合作,推动互联网全球治理体系变革,共同构建和平、安全、开放、合作的网络空间,建立多边、民主、透明的全球互联网治理体系"[1],在提出全球互联网发展治理的"四项原则""五点主张"的同时,倡导构建网络空间命运共同体,为实现世界范围内的网络信息安全提供中国方案。

推进人类命运共同体的构建必将消除来自各方面的安全威胁,中国始终致力于建立人类卫生健康共同体以及网络空间命运共同体,维护世界的和平与稳定,实现国际范围内的普遍安全。

(三)坚持合作共赢,建设一个共同繁荣的世界

在构建人类命运共同体的经济视野中,期盼能够坚持合作共赢,建设一个共同繁荣的世界。2008 年爆发的世界性金融危机让人们对当下的经济发展有了深刻的反思,人们充分意识到在经济全球化时代,"加强协调、完善治理"[2]极其重要。各国在经济快速发展的同时,更要将重点放在"做大蛋糕"和"分好蛋糕"上。

要想"做大蛋糕",首先要稳住世界经济发展基本盘,持续扩大全球市场。但就经济全球化的发展趋势而言,只有进一步强化国家间的合作才能达成"做大蛋糕"的目的。而"分好蛋糕"需要解决诸多分配领域上

---

[1] 《习近平出席第二届世界互联网大会开幕式并发表主旨演讲》,载于中央政府门户网站 2015 年 12 月 16 日,https://www.gov.cn/xinwen/2015-12/16/content_5024700.htm。

[2] 习近平:《论坚持推动构建人类命运共同体》,中央文献出版社 2018 年版,第421 页。

的问题,如发展失衡、公平赤字等,现存各类分配不公的问题都不利于国家之间的长久合作,而实现公平公正、推进国际合作需要以共赢的态度来解除困境。

中国在持续推动人类命运共同体的构建中,将重点放在了"做大蛋糕"上,同步兼顾"分好蛋糕",真正实现国家间的合作共赢,建设出一个共同繁荣的世界。中国认为"富者累巨万,而贫者食糟糠"的发展并非健康的发展方式,发展势头较好的国家应起到带动作用,与相对落后国家一道,共享机遇,共创未来。因而,中国在身体力行的过程中提出了"一带一路"的倡议、召开中国国际进口博览会,同时发起创办了亚洲基础设施投资银行,发布了《全球贸易投资促进峰会北京倡议》等,在促进全球共同繁荣的道路上作出了卓越贡献。世界多国搭乘中国快速发展的列车共同前行。在第三次"一带一路"建设座谈会中,习近平全面总结了共建"一带一路"取得的显著成就,并强调要以高标准、可持续、惠民生为目标,推动共建"一带一路"高质量发展不断取得新成效。

(四) 坚持交流互鉴,建设一个开放包容的世界

在构建人类命运共同体的文化视野中,向往能够坚持交流互鉴,建设一个开放包容的世界。人类文明历史悠久且丰富多彩,在尊重认可文明差异性的基础上,坚持不同文明之间的交流互鉴,是延续人类文明生存,促进人类文明发展的不二法门。

习近平曾指明:"文明差异不应该成为世界冲突的根源,而应该成为人类文明进步的动力。"[①]"和羹之美,在于合异。"文明之间的差异是由各文明主体的历史发展、地理位置、国情风俗等不同而产生的,也正是这些差异,让人类文明不断前进。当下国际冲突的根源并非文明的差异,同样,文明之间始终平等,没有高低贵贱之分,曾经的"文明优劣论""文明

---

① 习近平:《论坚持推动构建人类命运共同体》,中央文献出版社 2018 年版,第421 页。

冲突论"都只是对人类文明片面且失真的理解,只有将平等互尊的原则一以贯之,才能促进交流,共同发展。

中国始终秉持平等、互鉴、对话、包容的文明观,倡导以对话交流超越疏离隔阂,以和谐交融超越对抗冲突,以互尊共存超越藐视优越。不同文明之间应在交往互鉴中加深了解并取长补短,让文明在融合共享中不断进步,推动人类社会前进发展,维护世界持久和平。

在人类命运共同体的推动构建中,必将坚持尊重文明多样性,秉持平等互鉴原则,促进世界文明和谐共存,开放发展。中国作为文明古国和文明大国,愿意同世界各国人民亲切交往、积极对话、加深友谊,在助力世界文明进步的同时夯实共建人类命运共同体的人文基础。

（五）坚持绿色低碳,建设一个清洁美丽的世界

在构建人类命运共同体的生态视野中,祈愿能够坚持绿色低碳,建设一个清洁美丽的世界。随着工业化进程加深,环境污染、生态破坏问题日益凸显,对此,应在人类社会发展过程中坚持绿色发展观,秉持"倡导绿色、低碳、循环、可持续的生产生活方式,平衡推进","不断开拓生产发展、生活富裕、生态良好的文明发展道路,共建一个清洁美丽的世界"[1]。

中国从古至今都强调"遵循天人合一、道法自然的理念"[2],希望可以将自然规律与人类发展规律有序结合,既维持自然环境清洁美丽,又推动人类社会协同进步。坚持绿色低碳即是要求不以破坏生态环境为代价促进发展,不以牺牲子孙后代的资源为代价追求发展,以更加可持续的方式,寻求一条永续发展之路。

要想真正达到绿色低碳,除在思想理念层面加强宣传,还要在人们的

---

[1]　习近平:《论坚持推动构建人类命运共同体》,中央文献出版社 2018 年版,第422 页。

[2]　习近平:《论坚持推动构建人类命运共同体》,中央文献出版社 2018 年版,第422 页。

日常生产生活中真正落实。碳达峰、碳中和目标的实现需要所有人的努力,无论是人们日常的绿色出行还是企业新型能源的选择,都是推进生态环保、解决生态问题的跬步积累。中国也始终站在绿色发展、生态保护的第一线。2021年,在中国昆明举行了《生物多样性公约》第十五次缔约方大会,会上中国提出为支持发展中国家生物多样性保护,出资15亿元人民币,成立昆明生物多样性基金,为共建地球生命共同体作出中国贡献。2023年,中国发布《新时代的中国绿色发展》白皮书,全面阐述中国绿色低碳发展理念,展示了中国转变既有发展模式,坚定不移走绿色低碳高质量发展道路、建设人与自然和谐共生现代化的决心,体现了中国推动构建人类命运共同体、共谋全球可持续发展的大国担当。

三、合作共赢的最终目标

在竞争中谋求合作,在合作中达到共赢是全人类命运与共的连带结果,也是人类相互依存、追求利益、实现发展的客观要求。合作共赢是人类命运共同体的核心理念之一,也是构建人类命运共同体想要达成的最终目标。

在构建人类命运共同体过程中所追寻的人类合作共赢,必须把握时代脉搏,同时始终坚持和平与发展这一时代主题,以和平方式赢得发展。近年来一种"国强必霸"的错误论调在国际中泛起波澜,甚至一些西方国家将此论调作为其国际竞争的基本逻辑,对以中国为代表的正在快速崛起的新兴国家展开打压,甚至极力鼓噪"中国威胁论"等错误舆论,为中国发展套上枷锁,以遏制中国进一步壮大。

"国强必霸"作为一种理论,其产生实际上是西方学者对于西方发展历程的经验总结,如英国、法国等老牌资本主义国家在资本原始积累阶段都选择了殖民掠夺的暴力手段。16世纪的大航海时期,葡萄牙与西班牙依靠自身实力开始了在海外的殖民扩张,成为这一阶段的"海上霸主"。进入17世纪,荷兰迎来了自己的黄金时代,代替了葡萄牙、西班牙的"世界霸主"地位。随着 18、19 世纪工业文明时代的到来,率先完成资本主义工业革命的英国和法国抢占了先机,并开始了新一轮的霸主争夺之路。19 世纪末 20 年代初,位于欧洲的德国和位于亚洲的日本相继崛起,也展开了世界霸权的争夺。第二次世界大战结束后,美国依靠其在战争中积累的经济实力、工业实力与军事实力,开始与同样实力强盛的苏联展开对峙,整个世界陷入美苏两极争霸中。随着东欧剧变,苏联解体,美国成为当今世界唯一的超级大国,并利用自己在各个领域的先进力量谋求世界的绝对领导权,将自身触角蔓延至全球各个角落,利用多种手段来维持并不断扩张自身势力。基于西方发展历程的经验,"国强必霸"这一行为完全符合其发展逻辑,因此在他们看来,一旦某国的国家力量超越当前的"霸主国家",必将复制前者的霸权主义发展模式。在这一发展逻辑的引导下,西方资本主义国家势必要千方百计地遏制他国发展,以免撼动其"霸主"地位。

显然,"国强必霸"这一理论凸显了西方资本主义国家崛起路径的单一性,在其视野中,唯有不断殖民扩张才能攫取多方利益,才能维护自身安全发展。但是,从理论上看,国力高低与是否称霸并不构成必然联系,而是取决于历史文化传统、社会发展形态、社会流行思潮、国家政府取向、国际政治格局等多方面因素。可以想象,一个崇尚武力的国家、民族,可能习惯于用武力争霸的形式赢取更多利益;而当其国内冲突极其尖锐的时候,也可能选择向外部发起战争以缓解国内压力;同时一些较为狂热的思潮在国内泛滥,影响许多民众的情绪并转化为对外的冲击;可能某届政府以强势的对外扩张来彰显执政能力;或者当前的国际政治体系松散,无力维系当前国际格局等,这些因素较国家崛起更容易引起一些国家称霸的决心。虽然国家的硬件实力始终是影响称霸的基本要素,但当一个国家强大起来并具备称霸实力时,如果缺少了上述几方面的推动因素,也难以真正走向称霸的道路。因此,即便西方资本主义国家极力鼓吹"中国威胁论",但是"中华民族历来爱好和平,和平、和睦、和谐的追求深深植根于中华民族的精神世界之中"①。历史与现实都证明中国对于追求霸权并无兴趣。相反,国力远不及美国的日本,却在第二次世界大战时期侵略了中国,又偷袭了美国珍珠港,并将攻击矛头指向美国为首的同盟国阵营,甚至在一段时间之内整个西太平洋都近乎在其掌控之中,但其最终也未能实现称霸野心。由此可见,并非所有具备强大实力的国家都会走向霸权主义,而实力欠佳的野心国家也未必固守自安。"国强必霸"理论实际上带有极强的排他性,不仅打压、遏制了许多新兴国家的崛起,也对人类追求和平发展以及开放共赢的共同目标造成了威胁。

从当下时代发展潮流来看,实际上合作共赢与和平发展的理念内核是完全一致的。"单则易折,众则难摧",要想消除国家、民族之间的矛盾、对抗,获得更广阔的发展空间和更安全的发展环境,就势必要摒弃不同文明话语下的交流障碍,加强利益共谋下的国际合作。合作共赢作为人类社会发展与人类文明进步的最终目标,其实现方式包含建立新型国际关系、构建开放型世界经济、构建新型大国关系、推动人类文明交流互鉴等诸多方面。而这些方式正是构建人类命运共同体的具体路径。

第二节　承担人类文明发展的时代责任

人类在创造文明的历程中经历了无数的艰难坎坷,产生了无数值得铭记与歌颂的事迹,而在这些文明背后,是人类不同群体在不同时代的历史责任与使命担当。人类文明让人类区别于其他自然界生命,人类在创造发展的进程中也不断对文明进行丰富和发展,使其更加多样。对于人类群体而言,维护人类文明的存续与发展是保证其基本利益的必然要求,

---

① 习近平:《论坚持推动构建人类命运共同体》,中央文献出版社 2018 年版,第156 页。

这一责任对于全体人类是难以回避并应自觉承担的。人类在文明构建的过程中、在共同责任的驱使下自然形成了多种共同体，无论何种共同体都标示着人类的共同责任，一旦这种共同责任被解除，共同体也将失去存在的基础变得难以为继。

由此可以看出，人类命运共同体一方面是以人类共同利益为基础构成的追求共赢的利益共同体，同时也是以人类共同责任为要求的责任共同体。人类命运共同体的构建需要以共同责任为核心，维系各方关系，凝聚人类协同力量。既然人类命运共同体以人类责任共同体的形式而存在，就理应倡导在新时代共同肩负起推动人类文明发展的责任。在人类文明视域下看人类责任共同体的构建首先就要探讨解决如下问题：其一，在文明理论层面，人类责任共同体的形成前提是什么；其二，在文明发展层面，人类责任共同体构建的必要性是什么；其三，在时代变局影响下，各文明主体如何担负起人类文明的走向。因此，只有明确责任共同体中独立自主的重要前提，彰显公平正义的精神品质，并深刻解读其中的共同利益导向，明确中国负责任的大国定位以及在时代变局下的作出大国贡献，才能真正构建起责任共同体意义之下的人类命运共同体。

一、在独立自主前提下彰显公平正义

"责任"一词始终贯穿人类文明的生存发展，在文明视野下看来，人类文明的进步与延续皆缘于人类对责任的承担，而担负责任也是人类与其他物种的区别之一。责任产生于人类生产交往的实践过程，责任既包括己方在内的多方义务，也指应承担的过失。叔本华曾经阐述："每一个不公正的行为必然就是一个肯定性质的侵犯、一件做出的实事。但其实也有这样的一些行为：仅只是不做出这些行为就意味着做出不公正的事情。这些行为就叫作责任。"[①]叔本华认为，如果一个人不负起自身相应

[①]　[德]叔本华：《叔本华论道德与自由》，韦启昌译，上海人民出版社2006年版，第159页。

的责任,那便是一种对于他人以及社会的天然不公与犯罪。而在马克思、恩格斯看来,人的责任产生于自身与世界的联系,它是客观存在的,任何生活在现实世界中的人都无法避免地会拥有责任。人类始终受到责任的约束,并接受责任的引导,也始终不曾放弃承担责任、履行义务。正是在责任的推动下,人类社会得以不断前行,持续发展。

虽然在除人类外的许多动物身上也出现过"类责任"的实践行为,如筑巢觅食、保卫领地、繁衍并哺育后代等,但也只是在刻板遵循其天性所带来的固定规则。动物无法如人类一般,受到外在职责的约束,也无法自主选择承担或在情感、思维、情绪等因素下抛弃何种责任。人类文明的独特性正体现在人类对于承担责任的自主选择上。因此,"责任"与"自主"相携而生。如果人失去了自主的权利,在其作为中无法发挥主观能动的作用,也就毫无必要承担对于该作为的任何责任。相反,一旦人拥有了自主控制的权利,势必要对其所作所为承担后果以及一切影响。

国家是当下国际交往中承担责任的主体,因此构建共同责任下的人类命运共同体必然以国家的独立自主为基本条件和首要前提,只有强调所有国家的独立自主,才能保证其时代责任的承担。同时,尽管所有国家都应承担关乎人类文明赓续与走向的时代重任,但为保障责任共同体内部的合理性与合法性,必须将责任具体落实到每一个国家自身的自主意志上。目前,一些国家迫于大国争霸和世界单极化的影响,被迫承担违背自身意愿的国际责任,这种现象压抑了国家的自由意志,更无法展现人类承担责任的高尚情怀以及文明意义,甚至是开人类文明发展的倒车。

在国际关系的处理中,国家独立自主也象征着国家之间主权的平等以及民主化的国际社会。中国始终着力于推动建立平等的国际社会化以及民主的国际关系,习近平也在诸多场合加以强调。习近平指出:"主权平等,是数百年来国与国规范彼此关系最重要的准则,也是联合国及所有机构、组织共同遵循的首要原则。主权平等,真谛在于国家不分大小、强弱、贫富,主权和尊严必须得到尊重,内政不容干涉,都有权自主选择社会制度和发展道路。""新形势下,我们要坚持主权平等,推动各国权利平等、机会平等、规则平等。"①"现在,世界上的事情越来越需要各国共同商量着办,建立国际机制、遵守国际规则、追求国际正义成为多数国家的共识。"②只有在平等的基础上,才能构建起作为责任共同体的人类命运共同体,同时也要将平等民主的精神贯彻于国际责任的划分以及建立相关制度的过程中,切身落实各国时代责任的平等协商。采用平等协商、合作对话的民主形式来制定各国的责任清单与责任规划,杜绝出现粗暴式的责任推脱和不科学的责任强行分派。

马克思在《国际工人协会共同章程》中提出:"没有无义务的权利,也没有无权利的义务。"③马克思认为权利与义务是一体双翼,无法分割的。在责任共同体的建立中,始终闪耀着公平正义的光辉,中国也一直倡导各国坚持权责统一原则,承担"共同但有区别""普遍而有差异"的责任。责任与权利应达成对应。各国在承担责任的同时也应获得相应的权利与利益。承担更多责任、作出更多贡献的国家应同步取得更多权益,而享受更多国际权益的国家也应该在国际事务上承担更多非对称性责任。除此以外,责任与权利还应达成适配,各国应根据自身实际情况承担相应责任,在国际责任分配上,也应考虑不同国家的发展现状。习近平主席在联合国发展峰会演讲时强调:"各国能力和水平有差异,在同一目标下,应该承担共同但有区别的责任。"④同样根据各国在不同时期的发展水平,也应及时调整责任要求。中国以身作则,在自身整体国力上升的同时也承担了更多力所能及的国际责任,正如《中国的和平发展》白皮书中所提出

① 习近平:《论坚持推动构建人类命运共同体》,中央文献出版社 2018 年版,第 416−417 页。

② 习近平:《论坚持推动构建人类命运共同体》,中央文献出版社 2018 年版,第 259 页。

③ 《马克思恩格斯全集》第十六卷,人民出版社 2007 年版。

④ 习近平:《论坚持推动构建人类命运共同体》,中央文献出版社 2018 年版,第 248 页。

的:"各国国情和发展阶段不同,应按照责任、权利、实力相一致的原则,着眼本国和人类共同利益,从自身国力出发,履行相应国际义务,发挥建设性作用。"①从历史上看,发达国家曾经屡次在国际体系中获得更多权益,同时其国家实力仍处于世界前列,因此当下应承担更多国际责任,并协助发展中国家提升发展水平,以增进发展中国家担负更多国际义务的能力。

二、在共同利益驱动下承担共同责任

独立自主是各国承担时代赋予的共同责任的首要前提,但在全球化屡遭冲击的当下,如何实现国际社会的责任与共仍是一项重点难题。在人类文明发展的进程中,责任共同体的建立与利益共同体的构建息息相关,不同时代背景下人类的共同利益是达成责任共担的重要基础。

利益共同体的形成并非仅仅凭借利益本身的驱动力量,尤其是在全球化深入推进的全新时代。随着全球化的逐渐深化,国际早已构建起既成的国际利益格局,而各国也在频繁往来、交流中形成了较为紧密和固定的国际利益关系。"交得其道,千里同好,固于胶漆,坚于金石",在共同利益的激励下,更多国家开始明确合作共赢的发展理念,并找到适宜本国的合作之道。随着贸易保护主义的升温、局部性冲突的频发以及新冠疫情的影响,诸多共同利益开始遭遇侵蚀和瓦解,一些原有的合作互助也转变为矛盾对立。要想阻止这类现象的发生,仅靠一国或少数国家的努力并不现实。因此要想真正维护利益共同体的共同利益,尤其是在人类文明赓续发展的层面上实现广泛而普遍的利益,势必需要世界各国参与其中,联结成密不可分的责任共同体,在共同责任的基础上积极参与国际事务,携起手来应对全球化带来的挑战。

共同利益一方面划定了共同责任的内容与界限,另一方面也对共同

---

① 国务院新闻办:《中国的和平发展》,中国政府网,https://www.gov.cn/jrzg/2011-09/06/content_1941204.htm,2011 年 9 月 6 日。

责任的层次结构进行了判定。在广泛的共同利益的凝结下,全人类将共担时代责任,构建起责任共同体,并明确各责任主体的具象化任务;在不同层面共同利益的驱动下,责任共同体的形成更利于在各个方向层面分别且持续发力,达成全人类共同目标。

三、在时代变局影响下展现大国力量

"进入新时代,国际力量对比深刻调整,单边主义、保护主义、霸权主义、强权政治对世界和平与发展威胁上升,逆全球化思潮上升,世界进入动荡变革期。"[1]世界进入百年未有之大变局,国际形势日益严峻,来自外部的风险挑战日趋复杂,推动构建作为责任共同体的人类命运共同体更加迫在眉睫。因此,世界各国应该全力合作,在"共同利益"的基础上,深切考量"共同责任"的时代意义和时代内涵,在新的历史发展阶段承担新的时代责任。

中国梦的实现需要和平稳定的国际环境和秩序。中国作为负责任的大国,始终将维护世界和平、国际秩序,推进人类文明的生存发展作为自身重要职责,并在责任共同体的构建中做出中国表率。"万物并育而不相害,道并行而不相悖。"中国在追求中国梦的实现过程中,同时强调奉献世界,这既是中华民族一以贯之的高尚品行,也是对自身大国定位的深切理解。习近平总书记在中国共产党第十九次全国代表大会上指出,中国始终做"世界和平的建设者""全球发展的贡献者""国际秩序的维护者",清晰地描绘了中国的责任角色。中国深知国际社会给予自身的殷切期待和时代重任,并明确展示出积极履行国际义务、不负时代期望的毅然决心和昂扬姿态。

作为世界和平的建设者,中国始终坚持走和平发展道路。中国的发展离不开世界,中国坚持在维护世界和平的前提下实现自身发展,也在自

---

① 《中国共产党第十九届中央委员会第六次全体会议文件汇编》,人民出版社 2021 年版,第 88 页。

身发展的过程中保障世界和平。随着中国近年来的快速发展,世界上始终有声音指出中国会走"国强必霸"的路子,并提出了所谓的"中国威胁论",而这种言论和看法不过是一种认知上的误读以及对中国根深蒂固的偏见。不论世界格局如何更迭,国际形势怎样变幻,中国处于何种境地、发展到什么程度,中国都将恪守底线,永远不称霸、不扩张、不谋求势力范围。正如习近平所强调的,中国"反对各种形式的霸权主义和强权政治,不干涉别国内政,永远不称霸,永远不搞扩张。我们在政策上是这样规定的、制度上是这样设计的,在实践中更是一直这样做的"。"中国走和平发展道路,不是权宜之计,更不是外交辞令,而是从历史、现实、未来的客观判断中得出的结论,是思想自信和实践自觉的有机统一。"①

第三节　肩负人类文明延续的前途命运

人类作为万物之灵,一方面可以从历史的经验总结中探寻未来的发展趋势,另一方面也可能通过实践来引导自身文明的前进方向。人类命运共同体是利益与责任的共同体,更是命运的共同体,构建人类命运共同体是人类对于未来进步之路的共同探索。从人类文明的高度来看,人类应秉持自觉主动的态势来关注共同命运,担负起延续繁荣人类文明的历史使命。

一、以世界普遍交往形成文明关怀

构建人类命运共同体是站在世界历史的高度,审视当今国际交往而作出的重要方案。在构建人类命运共同体的过程中,人类文明的前途命

---

① 习近平:《论坚持推动构建人类命运共同体》,中央文献出版社 2018 年版,第91 页。

运在世界的普遍交往中逐渐成为关注的重心。

马克思指明"历史成为世界历史"主要有两个前提条件,一是各民族打破原有封闭状态,转变为开放状态;二是各民族之间的交往活动日益扩大和深化。马克思对于"交往"的定义极为广泛,除了人与人之间在进行生产、交换、消费和分配等实践活动中所产生的各种关系,还包括交通运输、商业贸易以及思想文化交流等一系列活动。"在此意义上,世界历史就是人类文明的交往史。"①人类的交往随着历史的进程一步步得到扩展,狭隘孤立的"地域历史"转变为广阔开放的"世界历史"。诚然,资本主义的发展促进了各民族之间的普遍交往,也加速了局部历史向世界历史的转变。无论是物质之间还是精神之间的交往都转变为了世界性的普遍交往,尤其是随着人类科技的不断进步、全球化进程的加速和信息化水平的提升,世界各国以及各民族之间的联系在深度和广度上得到了深化,彼此之间的影响和依赖逐步加强。

"人类生活在同一个地球村里,生活在历史和现实交汇的同一个时空里,越来越成为你中有我、我中有你的命运共同体。"②当前人类社会一方面呈现出相互依存、命运与共的特点,另一方面也面临着诸多难题,各类挑战层出不穷。但国家之间的密切联系并没有弱化风险,反而加剧了其传导的速度,同时各类风险交错相织形成了愈加复杂的新型风险与危机。这些风险与危机的综合体成为人类文明的重大威胁,世界人民前所未有地感受到自身命运与人类命运的密切联系,也清晰地意识到人类只有加强合作、携手并进,才能应对生存发展和文明延续的冲击与挑战。

二、以文化传承融合确立文明立场

文明的立场问题始终是人类文明发展中争论的焦点,当前关乎文明

---

① 杨洪源等著,颜晓峰、杨群主编:《构建命运共同体的人类文明》,社会科学文献出版社 2022 年版,第 83 页。

② 习近平:《论坚持推动构建人类命运共同体》,中央文献出版社 2018 年版,第 5 页。

立场的争论主要聚焦于"古今之争"和"中西之辩"。在传统与现代的对比权衡中,一种观点认为传统优于现代,另一种则认为现代优于传统。传统主义认为,"现代"诞生于"传统","传统"会对"现代"产生持久影响。"特别是在现代化发展中,遇到问题和困难时,人们就会自觉不自觉地回溯传统,试图从传统中寻求问题的解决办法。"①现代主义认为,"现代"优于"传统","传统"则象征着腐朽与落后。人类文明跟随着人类经济社会的进步而进步,当人类经济社会发展进入现代化阶段,文明也逐步向着现代化的方向展开。在中国和西方的比较中,以中国为中心的文明立场和西方中心主义的文明立场持有各自的态度。但是,文明的发展应该以交流借鉴为重要基础,各国、各民族的文明形态选择也应与自身条件和发展状态相适应。因此,无论是以中国为中心的文明立场还是西方中心主义的文明立场都存在视角上的盲区。

对于世界文明的发展,应该尊古而不泥古,尊重现代又不完全迷信现代,对于中国与西方的文明更要汲取精华,以滋当下。

一是做到古今融合,以古鉴今,与时俱进。从文明的发展上来看,传统文明有着丰富的历史经验作为支撑,因而对于当今社会仍具有借鉴意义,但其也具有历史的局限性。现代文明与时代进程同频,但仅仅看到当下的社会变革而彻底抛弃历史经验也会走向一种错误的极端。因此,文明立场的确立应将传统文明与现代文明合理联系,取长补短。正如同中国式现代化的发展,也是融会贯通了传统的中华文明,让中国文明特质助力现代化进程。

二是做到中西互鉴,优势互补。任何文明的产生都离不开人类的实践活动,因此无论是中华文明还是西方文明都是以各个历史时期的生产生活实践为基础的。当下文明立场的确立不能简单粗暴地以"中国"或"西方"来归类,也不能用"中国"来否定"西方"或用"西方"来否定"中

---

① 李双套:《文明立场范式批判与建设中华民族现代文明》,《浙江学刊》2023年第5期。

国",由狭隘的"地域历史"走向开阔的"世界历史"是人类历史的发展规律。因此文明立场的确立应强化对话交流,互尊互鉴,让中西文明实现优势互补。

三是避免文明之间的"弊端叠加"。各类文明在发展的过程中难免出现局限性和非科学性,传统文明中存在腐朽没落的部分,现代文明中也产生过错误思潮;中西方文化中既包含人类优秀文明成果,也包含文化糟粕。因此,在确立文明立场时应合理区分,取其精华、去其糟粕,避免各类文明弊端相互杂糅。

三、以人类文明新形态引领未来

人类文明与历史总是相伴前行,历史的更迭推动着人类社会的进程,也创造出具有时代特色的人类文明。世界历史的进步与发展逐步演化出人类文明的新形态,人类命运共同体思想作为一种变革的文明观而相应出现。

习近平总书记在庆祝中国共产党成立一百周年大会上指出,"中国特色社会主义是党和人民历经千辛万苦、付出巨大代价取得的根本成就,是实现中华民族伟大复兴的正确道路。我们坚持和发展中国特色社会主义,推动物质文明、政治文明、精神文明、社会文明、生态文明协调发展,创造了中国式现代化新道路,创造了人类文明新形态。"[1]习近平总书记在肯定中国共产党历史成就的基础上,又将中国特色社会主义与中华民族的伟大复兴与人类文明的发展进程相联结。这一判断表明,在当前人类文明发展的进程中,中国在坚持和发展中国特色社会主义的同时创造出人类文明的新形态,并对构建人类命运共同体产生了深远影响,也对人类文明的前进方向起到了引领性作用。

第一,人类文明新形态呈现出以人民为中心这一全新价值取向。马

---

① 习近平:《在庆祝中国共产党成立 100 周年大会的讲话》,新华网,2021 年 7 月 15 日。

克思主义唯物史观指出,人民群众是历史的创造者,是社会物质财富和精神财富的创造者,因此要认可和尊重人民群众的历史主体地位。人类文明新形态坚持以人民为中心的根本价值立场,以满足人民群众对美好生活的向往为发展目标,展现出人类文明进程下的人民情怀。

第二,人类文明新形态开拓了中国式现代化这一全新发展道路。西方国家搭乘着工业革命的东风,创造出人类历史上的辉煌发展成就。正如马克思、恩格斯在《共产党宣言》中指出的:"资产阶级在它的不到一百年的阶级统治中所创造的生产力,比过去一切世代创造的全部生产力还要多,还要大。"①但资本主义的发展壮大也暴露了其内部的矛盾与弊端,如阶级对立、贫富差距、社会撕裂等问题。中国共产党在借鉴西方国家现代化发展经验的基础上,将马克思主义理论与中国具体实际相结合,走出一条富有中国特色的中国式现代化道路。中国式现代化道路不仅带领中国快速实现工业化进程,也为诸多发展中国家带来了不同于西方的新型发展路径。

第三,人类文明新形态创造了和平发展、合作共赢这一文明进步模式。纵观人类文明发展历程,诸多西方发达国家都未能跳脱出野蛮掠夺和殖民统治的暴力手段来完成资本积累,在自身发展的同时也为其他国家带来了灾难和痛苦。中国在文明发展的道路上,始终坚持"走和平发展道路,不会走扩张主义和殖民主义道路,更不会给世界造成混乱"②。中国一直在探索和平发展、合作共赢的前进模式,反对霸权主义、单边主义,不搞零和博弈,不断推动人类命运共同体的构建,在实现自身发展的同时惠及世界,为人类文明进步提供了全新方案。

① 《共产党宣言》,人民出版社 2018 年版,第 32 页。
② 《习近平会见美国国防部长马蒂斯》,《人民日报》2018 年 6 月 28 日。

第四章　构建人类命运共同体的全新探索

当下的人类社会正处于一个大发展大变革大调整阶段,人类已经在潜移默化中凝结成命运的共同体,但是其脆弱性又要求我们以坚定的变革心态来推进构建。构建人类命运共同体是全人类的共同事业,因此要在理论完善的基础上进一步推进实践的统一,在多重维度促进国际交流合作,形成更大的价值公约数。

第一节　世界重大公共卫生事件防控新思路:构建团结共进的卫生健康共同体

突如其来的新冠疫情昭示世界人民,全人类荣辱与共、命运相连。面对波及范围广、影响时间长的新冠疫情,各国应肩负起自身责任,将世界人民的生命安全和身体健康放在最重要的位置,风雨同舟、团结一致,精准施策、统筹应对,并进一步完善治理体系,更好应对世界重大公共卫生事件。

一、卫生健康共同体的提出与发展

人类卫生健康共同体作为全球性流行病防控的全新思路,具有极其丰富的理论与实践内涵,其产生与发展对于当下人类疫情治理能力和水平的提升起到了积极推动作用,同时为新时代全球化深度融合视域下全球公共卫生领域的多边治理提供了科学的理论遵循。

(一)人类卫生健康共同体是人类命运共同体的重要构成

习近平总书记在党的十九大报告中提出:"我们呼吁,各国人民同心协力,构建人类命运共同体,建设持久和平、普遍安全、共同繁荣、开放包容、清洁美丽的世界。"①构建人类命运共同体是新时代中国在外交领域率先提出的全新发展思路,随即习近平总书记在多个场合强调共同体理念,并根据不同场合及内容,对共同体理念进行分化和细化,涵盖自然、社会等多个方面。

面对新冠疫情在全球的肆虐,以及其对人类社会产生的重大危害,人类开始正视全球化发展的深入性,开始全面重视全球化对人类卫生健康的负面影响。在全球应对新冠疫情的过程中,各国逐渐发现,只有强化配合、共同抗疫,构建起人类卫生健康层面的命运共同体才是抗击全球性流行病的有效途径。人类卫生健康共同体就此成为人类命运共同体理念在卫生健康领域的具体体现和发展要求。

(二)人类卫生健康共同体是人类疫情治理的发展大势

新冠疫情的发生表明,面对严酷的病毒,人类只有携手并肩、加强合作才能赢得胜利。部分国家在资本的分化下,将新冠病毒政治化、污名化其他国家,结果只能是加剧本国的疫情现状,使本国人民深陷疫情的泥沼。中国不同于此类国家,始终倡导普惠共赢、团结协作、共建共享的疫情治理理念,呼吁共建人类卫生健康共同体。在中国的推动下,越来越多的国家和人民意识到联合抗疫的重要意义,并加入其中,在携手抗疫的过

---

① 《中国共产党第十九次全国代表大会在京开幕习近平向大会作报告》,《光明日报》2017 年 10 月 19 日。

程中逐渐加深对人类卫生健康命运共同体的认识和理解,领会到共建人类卫生健康共同体是全球化进程下疫情治理的发展大势,是全人类维护健康的有力保障。

(三)人类卫生健康共同体是全球公共卫生领域多边治理的重要思路

新冠疫情在全球的蔓延暴露出全球公共卫生领域的治理弊端。世界卫生组织作为全球卫生治理体系的中心,多年来其做出的贡献大家有目共睹。但部分强化单边主义的国家,一直以来都在企图建立新的公共卫生制度以取代世界卫生组织,在新冠疫情背景下甚至愈加强势,产生了极其恶劣的影响。这一方面暴露出现有的全球公共卫生领域治理的强制约束力不足,另一方面也凸显出全球公共卫生领域多边治理已迫在眉睫。

人类卫生健康共同体理念重视公共治理的多边发展,提倡全球问题全球治理,在公共卫生领域积极对抗单边主义思想,有力推动各主权国家与非政府组织的合作交流。

二、构建卫生健康共同体的现实困境

虽然人类卫生健康共同体是符合社会发展进程的、科学有效的理念,但在具体构建过程中仍面临诸多现实困境。

一是卫生健康问题政治化。部分国家在面对世界公共卫生健康问题时仍存在制度偏见,拒绝效仿不同制度国家的有效防控措施,从而贻误了疫情防控。甚至有些地区从政治利益出发,拒绝接受中国疫苗的输入,也引发了广大民众的强烈不满。因此,不同社会制度间存在偏见,也在极大程度上阻碍了人类卫生健康共同体的共建。

二是国际协同不足。应对世界重大公共卫生问题,高度协同,共商共治是重要基础,也是共建人类卫生健康共同体重要支撑。中国面对突如其来的新冠疫情,始终坚持以人民生命安全为重,不惜任何代价,控制疫情发展,为全世界疫情防控赢得了宝贵时间,贡献了中国方案。部分国家却将经济发展置于首位,延误了疫情防控的最有利时机,为全球疫情防控工作增加了难度。这种"经济优先"的发展模式,对人类卫生健康共同体的建设产生了消极影响。

三是国际法规制度的局限性。国际法规制度在卫生健康领域始终存在责任分配的不合理,大多数义务性规定都局限于世界卫生组织,而对于主权国家并无具体强制性要求,这就造成了出现问题时部分国家力量的缺位。同时,争端解决机制从未在国际卫生法律中成功运作过,这一困境滋生了部分国家在健康卫生领域的"甩锅"行为。因此,健康卫生领域国际法规制度的局限性延缓了人类卫生健康共同体共建的整体进程。

三、防控新思路:加速推进卫生健康共同体

面对各类全球性流行病对人类的威胁,人类卫生健康共同体的构建已刻不容缓,中国作为世界大国,始终秉持负责态度,积极推动共建人类卫生健康共同体,破除陈旧的合作模式,以更科学的方式保卫人类卫生健康。

(一)坚持人民至上,维护世界人民生命健康安全

全球性流行病的最大受害者即是世界各国的普通民众,因此,各国务必坚持"人民至上"的基本原则,树立起正确的人民观和大局观,将保障本国人民群众生命健康安全放在首位。面对危害人民生命健康的共同挑战,深化合作意识,凝聚各国力量,深入推进共建人类卫生健康共同体。

(二)增进理解认同,强化国际有效合作

疫病病毒是全人类的共同敌人,它极大地威胁了人类的生命安全,造成了不同程度的社会混乱,影响了人类社会的正常发展。面对共同敌人,各国应摒弃意识形态隔阂,彼此理解,紧密协作,抛弃狭隘的零和思维,立

足于全人类的发展前景,共同与疫病病毒做斗争。同时强化国际的有效合作,抛弃无意义的表面功夫,以及"各扫门前雪"的自私想法,以真挚的态度共同应对疫情。

(三)发挥多方力量,提升协同作用

新冠疫情的防控让我们看到了民间团体和非政府组织的力量,许多民间团体和非政府组织利用自身优势,发挥出极大效果,起到了良性作用。迎战全球性流行病,就要利用好一切积极因素,争取大团结、大联合,提升全球各方协同水平。政府组织具有较强的系统性和权威性,非政府组织则具有更强的灵活性和组织力,二者互相补充,为后疫情时代推动人类卫生健康共同体的深入实践贡献了重要力量。

第二节 全球和谐稳定发展新方向: 构建安危共担的安全共同体

面对人类发展的大变局,任何国家都需要保持发展的稳定,以维持自身生存进而推动进步。基于此,国际社会更要凝聚广泛共识,以世界人民的愿望为前行的动力,加快推进完善社会治理进程,从而找到化解国际矛盾纠纷、消除战争冲突的路径,以便于整合全球资源、聚焦发展难题,一步步实现可持续发展与可持续安全。在构建人类命运共同体的过程中,习近平总书记指明,需要"营造公道正义、共建共享的安全格局"[①]。因此,树立起安全理念,凝聚国际共识,革新全球治理方案,构建人类安全共同体才是应对危机的有效途径。

---

① 习近平:《论坚持推动构建人类命运共同体》,中央文献出版社 2018 年版,第254 页。

一、共同安全理念的思想渊源

随着国际交往的日益密切,国际安全问题愈加受到重视。安全是来自主观与客观两个层面的判断,从主观上看来,安全是主体不存在失去自身看中的重要价值的内在恐慌;从客观上看来,安全是现存价值不再受到外在威胁。在全球化进一步深化的时代,国家间的安全感一方面来源于自身国家实力的强大,另一方面也来自国际环境的稳定。没有国家能在当下的国际体系中真正做到独善其身,因此要想在世界范围内获得真正的安全,首先要做到的即是树立正确的安全观念,以公平正义塑造普遍、持久的安全。

由此可见,国际安全问题的根源实际上是国际社会存在的一种不确定状态。国家之间的交往总是带有各种各样的意图,由于交往的主客体之间存在意图了解深度的不对等,这种不确定性往往会进一步加深。这种不确定性又极难消除乃至长期存在,因此人们内心的安全感便很难得到满足,这也是长久以来人们追求普遍安全的关键所在。国际安全中的不确定性来自两方面:一是物质上一个国家未必能全盘了解对方的发展现状;二是精神上一个国家未必能真正明确其他国际行为主体的真实意图与利益需求,也就导致了国际交往中尺度把控的误判,从而产生国际安全问题。

从思想角度看,东西方都曾探讨过共同安全理念,尤其在中国传统文明中蕴含着对安全问题的丰富思考,这对于当下国际安全的维护以及普遍安全的实现起到了重要的参考作用。

(一)中国传统文化中的共同安全理念

与现代追求国际安全格局的构建不同,传统中国文化中探寻的只是维护本国安全的有效渠道,只是从一国视角出发。因此当下人们思考社会普遍安全的相关问题,应该明确一国安全与世界安全之间的关系,探究其中的差异和关联。

我们在研究一个国家的安全文化传统时,往往从历史进程、地理条件、人文发展几个方面去考量。中国作为一个历史悠久、地域辽阔的大国,其安全文化传统极具特色。从多角度来看,中国的发展始终建立在国家民族统一的基础之上,这种统一从思想上会带来精神的团结,以及保障国家自身安全的凝聚力。这种统一也一直建立在国家的独立性上,只有国家独立自主,不受他国桎梏,才能维护国家安全。同时,中国自古以来便向往和平,尤其是来自外在的和平,只有保证不受到外来的战争侵扰,中国才能得到快速发展。如果国家难以发展、停滞不前,国家安全便难以实现。无数的中国古代典籍都对国家安全问题进行过论述。在《周易》中谈及国家安全问题,指出"无危则安,无损则全","君子以思患而豫防之"即是要居安思危,只有在国家处于安全状态时多加思虑不忘危机,才能真正保证个人与国家的安全。对此《周易》中也讲道:"思患者虑平其后,预防者图之于先。"东汉史学家荀悦在《申鉴·杂言》中进一步提出:"一曰防,二曰救,三曰诫。先其未然谓之防,发而止之谓之救,行而责之谓之诫。防为上,救次之,诫为下。"对于国家安全,中国古代认为"防"要大于"救","救"又优于"诫",能够在国家和平时期做好安防工作,较之于出现问题再行补救更利于国家安全的保证。而在儒家思想中更看重国家实力对于国家安全的影响。道家学说创始人老子曾指出:"其安易持,其未兆易谋,其脆易破,其微易散。为之于未有。治之于未乱。"因而对待国家安全问题,应当未雨绸缪,有备无患。儒家思想一贯讲求"和为贵",而对于社会和谐、天下太平的向往是建立在国家强盛的基础上,即达到"富之""足食""足兵"的要求。中国古代墨家也对国家安全问题进行过思考分析。在《七患》中论述了国家可能面临的七种安全隐患:"仓无备粟,不可以待凶饥;库无备兵,虽有义不能征无义;城郭不备全,不可以自守;心无备虑,不可以应卒。是若庆忌无去之心,不能轻出。夫桀无待汤之备,故放;纣无待武之备,故杀。桀、纣贵为天子,富有天下,然而皆灭亡于百里之君者,何也? 有富贵而不为备也。故备者,国之重也;食者,国之宝也;兵者,国之爪也。城者所以自守也。此三者国之具也。"墨家认为,当国家无法解除这七类隐患,则无法保障国家的安全。中国古代一直强调"攘外必先安内",明朝名臣于谦在《急处粮运以实重边以保盛业疏》中也提出:"疆兵以足食为本,攘外以安内为先。"

由此可见,中国自古以来对于国家安全问题便极为重视,形成了相对完善且自成体系的传统安全文化,对于当前构建人类命运共同体视域下共同安全的实现具有重要的启示作用。一是国家自身内部团结是实现国家个体安全的思想基础,随着人类社会的发展,国家间的交流合作愈加频繁,人类社会已逐渐构成相互依赖、密不可分的共同体,因此普遍安全并非一国之责,应由世界各国团结一致共同保障。二是人类社会发展是实现普遍安全的物质基础,停滞不前的人类社会无法达成持久的和平安全。三是和平稳定的社会环境是维护国家安全的环境基础,只有和平稳定的社会环境才能促进人类社会快速发展,从而达成世界普遍安全。四是国家独立自主是保证普遍安全的政治基础,现代社会要进一步推动国际关系民主化,给予每个国家自由选择国家制度、发展模式的权利。最后,面对当下现状,应永葆居安思危之心,无论世界处于何种状态,都应保持警惕,只有时刻牢树普遍安全意识,人类才能共同享有持久普遍的安全。

(二) 西方传统文化中的共同安全理念

虽然西方在历史发展进程、自然地理条件等诸多方面与中国有较大差异,但在传统安全观上与古代中国存在许多相近之处。西方最初的安全理念也是着重于国家安全,后期才逐渐渗透到国际安全。

西方国家的思想史开始于古希腊,古希腊文明的发端则伴随着不断来自内部与外部的争斗,因而如何保障国家和城邦的安全,成为当时诸多政治家和哲学家讨论的命题。柏拉图在《理想国》中将"战争与和平"作为一大主题,当前的统治形式让城邦内部与城邦之间充满内乱与战争,唯有由道德高尚的理性化身"哲学王"作统治者,才能消除这种混乱状态,求得和平与安宁,保护人民获得安全,"在柏拉图看来,哲学王统治一可以消除城邦内部的纷乱,二可以消除希腊诸城邦之间的战争,三可以增强抵御外族人的力量。这些都有利于维护雅典城邦与希腊文明的安全。"[①]

第二次世界大战之后,许多西方国家开始形成国家安全理念,但主要是将重点放在军事安全方面,只将单一的"战略研究"作为国家安全的内容。在这种传统国家安全理念之下,国家安全被等同于国防安全,只有不断提升自身军事力量,才能避免来自于其他国家的武力和军事威胁,国家的安全感要么来自于军事实力的膨胀,要么则来自于不同国家之间的"恐怖平衡"。因此,美苏作为拥有强劲军事实力的超级大国为维护自身国家安全,持续提升自身军力装备,时刻备战,整个世界也处于"恐怖平衡"状态,整个世界仍未完全脱离战争,处于安全困境之中。

进入 20 世纪七八十年代,随着国际局势的变化以及各类新型问题的出现,西方国家的安全理念也变得更加丰富。国家安全不再只着眼于军事领域,而是更多渗透到经济、环境等方面。在实现国家安全的路径上也不再拘泥于残忍的军事手段,西方开始寻求温和的方式,希望可以开展国家间的安全合作,来实现国际的共同安全。20 世纪 90 年代后,苏联的解体让世界格局再次发生变化,西方国家已不再将目光放在传统敌人身上,开始放宽视野,锚定全球的安全治理,期待实现全球安全。以此为目标,西方开始拓展原有的安全概念,开展对于人类安全的研究,在此理论认知下,个人人权高于国家主权,为保障人权的实现,西方国家可以对他国内政进行干涉。

总的看来,西方传统文化中的安全理念对于普遍安全的构建存在积极性。一是拓展安全视野,安全的范围不止在一国之间而是全球,要聚焦目光于个人以及全人类的安全。二是树立综合安全观,安全不拘泥于军

---

① 申林:《城邦安全与文明安全视角下的柏拉图哲学王统治理论》,《国际关系学院学报》2011 年第 4 期。

事领域,在经济、卫生、生态、文化等诸多领域都有涉及。三是以合作促进共同安全,每个国家都并非独立存在,因而应增加多方面的合作,以维护共同的安全。但是在另一方面,西方安全观对于实现世界普遍安全隐藏着消极因素。如部分西方国家以保护"人权"为口号,肆意践踏他国主权,粗暴干涉别国内政,实际上只是为了满足自身私利,对于构建人类命运共同体、维护世界总体和平安全而言,这类行为应予以遏制。

(三)马克思主义中蕴含的共同安全理念

马克思主义的产生即是为了解放全人类,因此始终具有宽阔的国际视野,着眼于世界人民的生存发展。马克思主义认为,实现全人类的共同安全要以实现全人类的解放为基础前提。马克思主义安全观来源于马克思科学世界观的建立,在建立科学世界观的过程中,马克思主义创始人认识到生产力是社会发展的最终动因,资本主义的逐利性使物质利益具备了推动生产力发展的作用。同时马克思主义创始人从未远离过无产阶级革命运动,并深刻总结了其中的理论经验。在马克思主义看来,无产阶级劳动者以及被压迫民族要想维护自身利益,守护自身安全,就务必消除一切加之于身的剥削与压迫,实现无产阶级和民族国家的解放。

资本的逐利性让生产力获得巨大进步,也造成了国家内部以及不同国家、民族之间的不平等。在马克思主义诞生的年代,资本主义内部存在着阶级之间的极大不平等,处于被压迫状态的阶级难以维持生计、苦不堪言,人民群众无法保障自身的安全。马克思主义创始人认为,这种状态的产生是由于资本主义私有制的存在,资本主义私有制让无产阶级与资产阶级矛盾日益尖锐,无产阶级饱受剥削,除了在经济上受到压迫,还要在资产阶级的裹挟之下参与到国际战争中去,甚至无法保证自身的生命安全。不同国家、民族之间的发展差异也导致了殖民战争、殖民统治的出现,令农业民族从属于工业民族,东方从属于西方。在资本主义国家内部,无产阶级固然遭受到剥削,但仍受到相应的制度文明制约。但资本主义国家对于其他国家的殖民掠夺则撕开了温情脉脉的面纱,显示出最残暴与野蛮的面目。殖民地国家人民遭受着资本主义国家的暴力侵略,生命财产安全受到了极大的威胁。同时在资本主义国家之间并非一派祥和。马克思曾在《中国革命和欧洲战争》一文中提及,商业危机促使欧洲社会革命的爆发,同时也引爆了资本主义国家自身内部、资本主义国家之间以及资本主义国家与殖民地之间的暴力冲突。

马克思看到了资本主义社会下各种不安因素的存在,也明确了改变此种境况的方案,即消灭私有制,实现阶级以及国家、民族之间的平等,只有实现了普遍的平等,才能实现普遍的安全。自此,无产阶级不再处于被剥削、压迫的状态,而是成为国家的统治阶级,领导国家内部实现普遍安全。国家、民族之间不再是从属关系,不再以剥削、压迫的方式掠夺资源,而是能够得到独立公平的发展,人类社会也由此而获得团结。同时马克思也强调在无产阶级建立专政、构建起新的国际秩序后,国家之间应在平等的基础上维护正义、建立信任,以"和平"作为国际法的原则,并用国际法来保障全人类的共同安全。

马克思主义中蕴含的共同安全理念对于后世诸多共产党人以及社会主义国家产生了深远的影响,当代中国共产党人也对马克思主义安全观进行了一系列创新性发展。

二、营造共同安全的发展前景与现实困境

共同安全理念是基于世界人民对于国际普遍安全的强烈意愿,也是源于当下并不稳定的安全现状,以及国际安全形势的不确定性。中国历来重视世界和平安全的维护,2020年,习近平总书记在主持中央政治局第二十六次集体学习时,就贯彻总体国家安全观提出十点要求,其中就强调"坚持推进国际共同安全,高举合作、创新、法治、共赢的旗帜,推动树立共同、综合、合作、可持续的全球安全观,加强国际安全合作,完善全球

安全治理体系,共同构建普遍安全的人类命运共同体"①。2021 年,习近平在出席上海合作组织成员国元首理事会第二十一次会议时提出建议,要走好"安危共担之路"②,强调国家之间应加强合作,共同促进和平、稳定与发展。总体观之,和平发展将长期成为世界主流基调,因而更需要加强国际安全合作,共同应对日益凸显的传统、非传统安全威胁。

(一)世界安全问题复杂多变

随着国际体系快速演化,国际社会的不确定因素也逐渐叠加,世界经济陷入低迷状态,贸易保护主义卷土重来,恐怖主义风险扩散,国际局势陷入变乱交织的复杂局面。2017 年习近平主席在出席国际刑警组织第86 届全体大会开幕式时对当下的国际安全问题进行了阐述,将其特征总结为三点,即具有联动性、跨国性和多样性。

在联动性上,今天的国际安全问题已不只出现在单一领域,而是与政治、经济、文化、生态、卫生等多领域有着紧密关联。除了尚未被彻底消除的传统安全威胁,非传统安全问题也迅速抬头,并与传统安全威胁叠加交错。在跨国性上,国家安全与世界安全已无法分离,越来越多的安全问题已超越国家界限,呈现出国内国际双向联动的趋势,安全风险极易出现外溢和传导。一个国家一旦出现安全短板,就有可能引发外来风险的侵入。同样,一个国家自身的安全问题也可能随着积累而逐渐外溢,波及其他国家,形成区域性乃至全球性安全问题。在多样性上,世界安全问题变得愈加复杂多元,原有的传统安全威胁尚待解决,新增的非传统安全问题交织并发,带来了国际安全领域全新的挑战。当今国际冲突的主要根源仍是传统安全威胁的存在,区域间的武装冲突仍旧不断发生。就当前形势而

---

① 《习近平谈治国理政》第四卷,外文出版社 2022 年版,第 391 页。

② 习近平:《不忘初心 砥砺前行 开启上海合作组织发展新征程——在上海合作组织成员国元首理事会第二十一次会议上的讲话》,人民网,http://paper.people.com.cn/rmrb/html/2021-09/18/nw. D110000renmrb_20210918_1-02. htm,2021 年 9 月 18 日。

言,全球冲突并未出现缓解的趋势,甚至多国仍致力于军备竞赛,继续增加军费开支。而这些军费用途会进一步威胁世界和平安全,带来更多国际不稳定因素。在传统安全威胁仍存的同时,非传统安全威胁的影响也持续扩大。目前国际卫生问题也逐步演化为政治、经济问题,威胁着世界的安全。在历经重大国际卫生问题后,国际经济如何快速复苏、国际政治格局是否重新构建、世界人民健康怎样长久保障,这些亟待答复的问题仍然隐含着多重危机。此外,生态环境问题也日益严峻,快速的发展让脆弱的生态环境难以承受,全球变暖、环境恶化、海水污染等问题让世界和平稳定再度受到震荡。国际恐怖主义是人类社会的共同敌人,其对于国家主权、世界人民生命安全都造成了极大威胁。传统安全威胁与非传统安全威胁同时存在,甚至在相互影响中发生转化,传统安全威胁得不到妥切处理将引发新型非传统安全威胁;非传统安全威胁不加以重视,也将陷入传统安全威胁的漩涡之中。总而言之,当前国际整体形势向好,趋于缓和,但导致冲突的根源性矛盾并未解除,同时传统安全威胁与非传统安全威胁交织并存让世界安全局势愈加复杂,影响国际安全的因素也更加多样。

目前军事安全威胁仍是传统安全威胁主要类型。虽然冷战的硝烟早已消弭,世界已由两极分化转向多极化发展,再次出现世界性军事冲突的可能性有所减弱,但由于各种原因而出现的暴力冲突仍然存在,这也证明传统安全威胁依旧存在,且在短时间内难以消失。产生此类冲突的原因较为复杂多面,与世界面临的安全威胁息息相关。人类社会目前所面对的传统安全威胁主要表现在领土争端、民族宗教对立以及军备竞赛三个方面。领土争端虽然是一种传统安全威胁,但即使在如今仍旧有危及国家主权和引发地区冲突的可能。除传统意义上的领土纠纷,随着人类生存空间和海运交通的发展,各国对于海洋、岛屿的开发、建设逐步加深,因此对于海洋、岛屿的归属问题也愈加重视。除此以外,大国之间的地缘政治博弈日益加剧。2019年底,欧盟委员会提出将要转化为"地缘政治委员会"，从而更加注重军事领域的安全，加强建设安全力量。而这些都将对国际安全构成严峻威胁。

虽然传统安全威胁仍备受关注，但伴随着人类社会的进步尤其是世界经济与科技的飞速发展，与其关联度更高的资源问题、环境问题、人口问题逐渐凸显，一些非传统性的安全隐患开始浮出水面，并引发了人们的注意。非传统安全威胁带来的影响与日俱增且其危害难以低估，为世界安全稳定提出了全新挑战。非传统安全威胁主要具有四大特征。一是跨国性，从出现到解决，非传统安全威胁都明确凸显了跨国性的特征。因为许多非传统安全威胁都不仅涉及一国之利，而是多国乃至全世界的共同利益。例如，在生态环境领域出现的生物多样性的丧失、全球变暖等问题，关系到全人类的生存，因而其安全威胁并非简单针对某一国家。二是不确定性，非传统安全威胁较传统安全威胁涉及领域更为广泛，如金融危机、能源短缺等问题属于经济领域，毒品买卖、传染性疾病等则属于公共安全领域。同时在解决相关问题时，军事手段也并非单一解决方式。三是突发性，非传统安全威胁存在时空上的突发性。严峻的自然灾害和传染性疾病的暴发都没有时间上的预备，也很难预测其影响范围，因此其防范难度随之增加。四是转化性，非传统安全威胁在没有得到妥善解决的情况下也有转化为传统安全威胁的可能。从非传统安全威胁的特征性上也可看出，其形成原因复杂，影响范围广泛，因此为世界带来了严峻的治理挑战。因而要想弱化非传统安全带来的威胁，仅凭一国之力难以为之，务必从长远角度出发，团结协作凝聚更多国家的力量，维护人类共同利益，保障人类繁荣发展，这同样是构建人类命运共同体视野下所得出的必然规则。

（二）世界呼唤合作应对安全问题

人类在探寻生存发展的道路中认识到，安全是维持人类存续、保证人类社会进步的首要前提。早期形成的人类社会，实际上也正是为了共同对抗来自于自然的安全威胁而组成的联合体。随着人类社会的发展,全球化背景之下的安全问题已不再是一国之事,无论是来自于传统安全问题的威胁还是非传统安全问题的威胁,都变得愈加复杂多样,跨国性特点十分突出,因此国际安全合作逐步成为破解安全困境的重要路径。

当今的国际安全合作表现出以区域为划分的一体性特征,即地区一体化。地区一体化的形成需要规范制度的认可、理念的认同及利益的耦合,只有在制度、理念、利益这三方面内容的契合度高度达成,才能实现一体化。目前国际性地区安全合作组织层出不穷,其中上海合作组织是唯一由中国主导的,由俄罗斯等国家参与的地区安全合作组织。上海合作组织的宗旨之一即"共同致力于维护和保障地区的和平、安全与稳定",在安全合作上范围广泛,包括且不限于战略安全、防务安全、执法安全、信息安全等方面。近年来,地区安全合作组织的合作范围与规模愈加广阔,涉及传统、非传统安全问题日益丰富,进一步证实了世界各国渴望以合作的方式保障自身以及国际普遍安全。

三、维护和平新方向:构建人类安全共同体

纵观当前世界安全格局可以看出,原有的安全理念已经不再适用于当下复杂多样的安全形势,也无法解决来自传统安全威胁与非传统安全威胁所造成的问题。维护国际安全不能只依靠主权国家这一单一主体,还应包括各种类型的安全合作组织以及次国家行为体等。军事手段也不再是处理国际安全问题的唯一方式,维护国际安全的路径被不断拓宽。

面对世界之变、时代之变、历史之变,中国始终与世界各国一道向着构建人类命运共同体的方向,携手并进,迎接挑战,与世界人民共同维护世界和平安全。在 2022 年的博鳌亚洲论坛开幕式上,为促进世界安危与共,习近平指出"安全是发展的前提,人类是不可分割的安全共同体"[①],

---

① 习近平:《携手迎接挑战　合作开创未来——在博鳌亚洲论坛 2022 年年会开幕式上的主旨演讲》,《光明日报》2022 年 4 月 22 日。

并提出了全球安全倡议,明确了共同、综合、合作、可持续的安全观。同年,在党的二十大报告中又提出了全球发展倡议和全球安全倡议,希望能够协同国际社会一起共同落实。2023 年 2 月,中国政府发表了《全球安全倡议概念文件》,对于全球安全倡议的核心理念和原则进行了全面性解读,进一步提出构建人类安全共同体倡议,并对于推动人类安全共同体构建的重点合作方向加以系统性阐述。

在《全球安全倡议概念文件》中,以"六个坚持"指明以国际合作应对全球安全危机,维护世界和平稳定的核心理念与主要原则。

第一,坚持共同、综合、合作、可持续的安全观。2014 年,习近平首次向世界提出共同、综合、合作、可持续的新安全观得到了国际社会的普遍认同,而这一全新安全观的核心内容即是"五个主张"。一是主张秉持共同安全理念。安全不应局限于某一国家某一区域,而应该是在全世界普遍实现,每个国家寻求自身安全、和平发展环境的权利都应得到保障。二是主张重视综合施策。无论是传统领域还是非传统领域,都应得到相应的重视,并在探索治理措施时统筹推进、协调把控,以维护各个领域的安全。三是主张坚持合作之道。当前的国际安全问题具有明显的跨国性特征,因此面对共同的威胁,世界各国应联起手来、协同应对。同时,在解决方式上,单一的武力手段已不再适用于当下复杂多样的安全问题,也不符合世界人民对于和平的向往,因此应更多地通过政治对话与和平谈判的形式强化沟通,实现普遍安全。四是主张寻求可持续安全。曾经的以暴制暴并未解除传统的安全威胁,百年未有之大变局下的各类新型安全威胁更是如同达摩克利斯之剑,高悬于世界人民的心中。人们之所以难以获得绝对的安全感,其中一个重要缘由即是导致人们不安的根源并未被消除。而消除人类安全威胁的唯一路径就是发展,人类社会历史告诉我们,只有通过不断发展,才能化解各类矛盾,而安全问题也要靠推动人类社会的发展来逐步消除其发生的土壤。

第二,坚持尊重各国主权、领土完整。"互相尊重主权和领土完整"

是和平共处五项原则中的重要内容,更是国际法基本原则和现代国际关系的根本准则。国家之间不论大小、强弱或贫富,在国际社会都应获得应有的尊重,也应得到平等的机会与权力。任何国家都没有干涉他国内政的权利,也没有干预他国选择发展模式和社会制度资格。

第三,坚持遵守《联合国宪章》宗旨和原则。第二次世界大战结束后,人们开始对两次世界大战的爆发以及国际秩序展开反思,国际社会展现出对于和平的渴望,也建立起新的国际关系格局。联合国宪章也正是在这一历史条件下被起草,并沿用至今,其宗旨和原则也反映了人类对于维护安全、永续和平的共同愿景。当今世界所出现的各类矛盾与冲突并非代表联合国宪章宗旨和原则的过时,而是其并未得到完整的贯彻与执行,甚至出现了背道而驰的现象,但这也进一步证明了坚持遵守联合国宪章宗旨和原则的必要性。面对当下国际社会出现的安全威胁,只有坚定捍卫多边主义,坚守国际正义,摒弃冷战思维,抵制单边主义、阵营对抗、霸权主义等错误思潮,维护《联合国宪章》权威,全人类才能共同创造一个和平稳定的国际社会。

第四,坚持重视各国合理安全关切。人类早已形成"你中有我,我中有你"的安全共同体,在安全问题上世界各国是彼此平等的,任何国家都不应以牺牲他国安全为代价换取自身安全。中国始终主张秉持安全不可分割原则。一是自身安全与共同安全不可分割。每个国家的合理安全诉求都应被重视并得到妥善解决,同时每个国家在谋求自身安全、化解安全威胁时也要关切他国安全利益是否被侵犯。覆巢之下无完卵,只有维护好国际普遍安全才能给予世界各国包括自身国家一个共同和平、持久稳定的环境,只有维护好世界安全才能保障一国安全。而一国的安全问题如不得到妥善解决也极有可能产生外溢效应,影响到其他国家甚至波及整个国际社会。二是安全权利与安全义务不可分割。在世当前的全球治理体系下,任何国家的权利与义务都具有统一性,在享有安全权利的同时也务必履行相应的安全义务。三是安全与发展不可分割。安全的国际环境会促进人类社会的平稳发展,而随着人类社会的进步发展,人类之间矛盾与对抗的生存土壤也将被逐渐消除,进而实现人类社会的持久安全。在此基础上,中国也将致力于构建均衡、有效、可持续的安全架构,构建人类安全共同体,从而实现普遍安全、共同安全。

第五,坚持通过对话协商以和平方式解决国家间的分歧和争端。无论是以暴制暴的战争还是强硬施压的制裁都无法从根本上解决国家间的分歧与争端,甚至会引发诸多次生矛盾,只有通过对话协商才能真正加强理解、化解冲突。中国始终呼吁各国之间加强战略沟通以消除误解同时增强彼此之间的信任。在 2021 年的世界经济论坛"达沃斯议程"对话会上,习近平提出"要坚持开放包容,不搞封闭排他"①,利用脱钩、断供、制裁等手段,在国际社会搞"小圈子""新冷战",只能将世界推向分裂与对抗的深渊。"要坚持协商合作,不搞冲突对抗"②,对于差异要给予尊重包容,一味大搞对立对抗,受到伤害的只能是世界人民。

第六,坚持统筹维护传统领域和非传统领域安全。随着人类社会的进步发展,安全一次的内涵愈加丰富,同时进一步呈现出具有联动性、跨国性、多样性,传统安全威胁和非传统安全威胁相互交织的新特征。面对日趋复杂的世界格局,中国倡导各国践行共商共建共享的全球治理观,号召世界各国通过协商手段解决纷争,共同应对新形势下各类全球性问题,完善原有的国际规则,建立更加完备可行的国际秩序,防范化解当下全人类的安全困境。

在明确了核心理念与原则的基础上,《全球安全倡议概念文件》为各国如何携手维护世界持久和平,实现人类社会普遍安全,推进构建人类安

---

① 习近平:《让多边主义的火炬照亮人类前行之路——在世界经济论坛"达沃斯议程"对话会上的特别致辞》,中华人民共和国中央人民政府网,https://www.gov.cn/gongbao/content/2021/content_5585225.htm。

② 习近平:《让多边主义的火炬照亮人类前行之路——在世界经济论坛"达沃斯议程"对话会上的特别致辞》,中华人民共和国中央人民政府网,https://www.gov.cn/gongbao/content/2021/content_5585225.htm。

全共同体,指明了重点合作方向。

其一,积极参与联合国所提出的各类维护世界和平稳定的倡议与活动,支持联合国维和行动并提供充足资源;加强联合国在国际反恐斗争中的中心协调作用。其二,以《联合国宪章》和国际法为基准,促进大国之间良性互动,构建健康、和谐的大国关系。其三,坚决维护"核战争打不赢也打不得"共识,坚持维护世界核安全,以对话合作降低世界核战争风险。其四,全面落实"在国际安全领域促进和平利用国际合作"决议,推动毁大规模杀伤性武器在国际范围内的禁止与销毁,支持全球常规武器管控。其五,对于国际、地区出现的热点问题,支持以政治方式和平解决。加强地区、国家间安全合作对话;关注中东地区,落实实现中东安全稳定的五点倡议;重视非洲安全,支持非洲自主维护和平,以非洲方式解决非洲问题,实现非洲安全发展;促进拉美和加勒比国家积极维护区域和平安全,妥善处理地区热点问题;关切太平洋岛国多方问题,帮助该地区提升应对非传统安全威胁的能力。其六,以交流合作应对处理海上分歧,维护海洋、航道安全。其七,深化信息安全领域国际合作,推动世界各国共同应对网络威胁、维护网络安全,构建开放包容、公平合理、安全稳定、富有生机活力的全球网络空间治理体系。其八,加强世界各国对于生物安全风险以及新兴科技领域国际安全的管控与治理,加强外空领域国际合作,支持世界卫生组织在全球公共卫生治理中发挥领导作用,携手维护全球粮食和能源安全。其九,全面、有效落实《联合国打击跨国有组织犯罪公约》。步调一致,共同打击跨国犯罪,共同应对毒品带来的各类挑战;在互相尊重国家主权的基础上开展执法合作;支持建立全球培训体系,为发展中国家培育执法人员以维护自身安全。其十,坚持促进可持续发展,支持各国在气候变化、供应链产业链稳定畅通等领域合作。

中国始终站在维护世界和平安全的第一线,也始终积极推动构建人类安全共同体。在《全球安全倡议概念文件》中,中国也倡议并促进搭建更多合作平台,并推进相关机制的完善,为世界各国有效开展多领域多层次的安全协作作出中国贡献。

第一,利用各类国际和地区组织平台,根据自身职责,提出有关和平与安全的共同主张,凝聚全人类应对安全挑战的共识。第二,发挥上海合作组织等相关机制作用,分层级逐步开展安全合作。第三,以全球安全倡议高级别活动促进各国政府之间良性对话,共同应对安全挑战。第四,支持国际性交流对话平台针对世界安全问题提供交流合作的机会,并鼓励更多全球性安全论坛的创设。第五,围绕非领域安全挑战搭建更多国际交流合作平台和机制,共同提升非传统安全治理能力。

人类安全并非一国一域之事,它事关世界人民的福祉,事关人类文明的延续,更事关全人类的发展前景。因此,世界各国应在平等互尊的前提之下,以对话协商为基本形式,和平解决各类冲突争端,携手共建人类安全共同体,共同应对时代挑战,维系人类和平发展。

第三节　世界创新开放融通新选择: 构建普惠共赢的发展共同体

发展承载着世界人民对未来生活的美好向往,同时也是人类社会的永恒主题。习近平在最初提出构建人类命运共同体的理念之时,就点明了对于"人类向何处去"这一世界之问、历史之问、时代之问的答案,为在发展中徘徊摸索的世界照亮了前行之路,为真正实现人类共同繁荣贡献了中国方案。

2017年,习近平在瑞士达沃斯举行的世界经济论坛2017年年会开幕式上的主旨演讲中阐明:"人类已经成为你中有我、我中有你的命运共同体,利益高度融合,彼此相互依存。每个国家都有发展权利,同时都应该在更加广阔的层面考虑自身利益,不能以损害其他国家利益为代价。"①一方面,指明当前世界各国之间的相互联系与相互依赖已达到空前深入;另一方面,以经济视角观之,各国在发展的过程中应考量更深层次的"义利"问题。即使贫富差距、发展鸿沟等现实问题仍然存在,中国始终认为发展对于世界各国来言是平等拥有的权利,而不是从属于少数国家的专利。中国古人有言:"适己而忘人者,人之所弃;克己而立人者,众之所戴。""缺乏道德的市场,难以撑起世界繁荣发展的大厦。富者愈富、穷者愈穷的局面不仅难以持续,也有违公平正义。"②因此,构建人类命运共同体在经济层面最着重的表现就是达成普惠共赢,逐步提升世界发展的公平性、有效性和协同性,推动新型经济全球化,促进国家之间更具开放性的经济交往,携手同心、凝聚合力,建设共同繁荣的世界。

一、普惠共赢的理念来源

习近平在诸多场合都对普惠共赢理论进行过阐述。2017 年,习近平在日内瓦联合国总部发表讲话时讲道:"推动建设一个开放、包容、普惠、平衡、共赢的经济全球化,既要做大蛋糕,更要分好蛋糕,着力解决公平公正问题。"③2022 年,习近平在金砖国家工商论坛开幕式上的主旨演讲中指出:"包容普惠、互利共赢才是人间正道。我们要坚持开放包容,拆除一切阻碍生产力发展的藩篱,引导推动全球化健康发展,让资金和技术自由流动,让创新和智慧充分涌现,汇聚世界经济增长合力。要维护以世界贸易组织为核心的多边贸易体制,消除贸易、投资、技术壁垒,推动构建开

---

① 习近平:《论坚持推动构建人类命运共同体》,中央文献出版社 2018 年版,第405 页。

② 习近平:《论坚持推动构建人类命运共同体》,中央文献出版社 2018 年版,第255 页。

③ 习近平:《论坚持推动构建人类命运共同体》,中央文献出版社 2018 年版,第421 页。

放型世界经济。"①由此可见,在经济领域上的普惠共赢理念,既要求在经济全球化背景下解决"做大蛋糕"和"分好蛋糕"两个问题,也要求进一步扩大开放。

（一）中国传统文化中内蕴的普惠共赢理念

前面指出,在构建人类命运共同体的经济视角中,如何看待"义利"问题极大影响了国家之间开放交往的程度与能否达成成果共享。因此,从中国传统文化中去寻求普惠共赢理念的渊源,就应当从中国传统哲学的"义利观"出发,来探索其中的现实价值。

儒家在中国思想史上曾长期占据统治地位,直至今日儒家思想之中的精华部分仍然被许多中华儿女传颂并贯彻,在"义利观"上,儒家思想有着明显的重义轻利、义在利先的选择倾向。孔子认为,君子应将"义"看作自身行为的基本规范和准则,尤其表现在仕途上。孔子并非完全摒弃对"利"的追求,他认为物欲追求乃人之本性,但君子爱财取之有道,在追求钱财利益的同时也应遵守道德准则,不可违背道义。同时,孔子还清晰地表达出义在利先、舍利求义的价值取向。"富而可求也,虽执鞭之士,吾亦为之。如不可求,从吾所好。"②在孔子看来,一切都应按照道义来行事,如果所追求的财富不符合道义,那还不如按照自身的喜好去选择生活方式。孔子一方面将道义看作选择工作的标准,另一方面也将其看作君子与小人的区别。在义利之间,君子所通晓的是道义,而小人只懂得追求利益。孔子将"义"视为人生唯一信条和终极目标,为符合"义"的标准可以牺牲一切。孔子也的确终其一生都在推行道义,哪怕屡次碰壁也在所不惜。孟子是儒家学派的代表人物,他在强调"义"的同时也不否认

① 习近平:《把握时代潮流 缔造光明未来——在金砖国家工商论坛开幕式上的主旨演讲》,中国政府网,http://bn. mofcom. gov. cn/article/jmxw/202206/20220603321323. shtml。

② 杨伯峻译注:《论语译注》,中华书局 2007 年版,第 97 页。

对"利"的追求。在《鱼我所欲也》一文中他以鱼和熊掌来比喻"利"和"义",指明"利"和"义"皆为世人所求,此乃人之常情,但孟子反对为了追求"利"而去抹杀、抛弃"义"。一旦"利"和"义"之间产生冲突,"二者不可得兼",便要舍"利"取"义","舍鱼而取熊掌"。荀子作为儒家思想中现实主义的代表人物,则明确阐明要"先义后利""以义制利",对于儒家传统思想中的重义轻利观点进行了继承。荀子的理念表现在国家治理上就要求君主以仁义治国,做到"为政以德"。荀子将"义"作为一种国家治理运行的价值指导和实践要求,认为一个国家只有靠仁义治理才能获得百姓的真心支持,只有将道义摆在首位,国家才能平安强盛。与此同时,荀子也清醒地认识到这种国家治理原则仅仅应当广泛推崇,但未必会被真正执行。总而观之,传统儒家思想的"义利观"中一面强调以义为先,义是利的价值归宿和指导原则,这种意识让个人对群体产生义务,这一理念也造成了东西方价值理念中的差异。另一面则强调义利兼顾,儒家思想并不绝对排斥对于利益的追求,与此相反,儒家思想认为利是实现义的有效方法。孔子将"利"看作物质基础,认为一个国家要想达到精神上的高水平就务必有富足的物质基础。同时,对于一心求利的小人,他们只有在获得真正利益的基础上才能进一步上升到追求道义;对于本身就品德高尚的君子而言,则会更加注重自身道德品性的塑造。因而,传统儒家思想中对于"义""利"的理解并非简单的对立,更不是单方面强调道义轻视利益,二者之间存在统一性,"义"是"利"价值旨归,"利"是"义"的实现手段。

　　除了儒家思想以外,春秋战国时期也有其他思想流派的代表人物曾论述过义利关系。墨家墨子就提出过让"义"和"利"达成统一,要"兼相爱,交相利","义"成为达成"利"的重要途径,追求"利"才是最终目的,无"利"之"义"是毫无意义的,这一观点与儒家思想可谓是大相径庭。在《墨子·兼爱》中讲道:"仁人之所以为事者,必兴天下之利,除去天下之害,以此为事者也。"墨子认为,能否得"利"是国家兴盛的一大重要标准,对天下人有利之事就应极力推崇,对天下人有害的则要驱除,如此才是贤明之人的处事原则。如果说墨家思想与儒家思想仍有相近之处,那么法家思想是彻底站到了儒家思想的对立面。法家流派的代表人物韩非子将儒家思想直接认定为社会动乱的根源,认为其思想毫无实用价值。韩非子曾经在《五蠹》中说"儒以文乱法,侠以武乱纪"①,他希望君王可以用严明的律法来治理国家,过于讲究所谓的"仁义"对于治国而言是软弱无力的。同为法家学派的慎到则提出:"立天子而贵之者,非以立一人也。"他认为"利"不可由天子贵胄所独得,百姓拥立天子也是为了让苍生都过上好日子。他所强调的"利"即是百姓苍生的福祉,在法令严明畅通的基础上,让更多黎民百姓得"利"才是人间正道。在道家思想中,对于义利观的探讨基本是空白,尤其以庄子为代表,反对论述世俗化的义利观念,认为唯有"道"才是万物之源、世间规律,无论是天地还是圣人,对于世间万物都不存在私爱。

(二)西方传统文化中包含的普惠共赢理念

传统西方文化中的义利观也经历了一系列的发展演变。古希腊文化被称为西方文化之源,因而古希腊文化中对于义利关系的探讨对后世西方产生了极大影响。苏格拉底将精神追求以及品行提升与知识水平相联系,提出"知识即美德",让当时的人们开始更多关注自己的内心世界,他也由此开创了古希腊理性主义伦理学。"有的人追求权力、肉体上的愉快和财产,将这些视为成功和幸福的标志,这是因为他们还不懂得幸福的真正基础"②,苏格拉底更加注重对人的精神世界的塑造,而非物质财富的创造。柏拉图在《理想国》中提出了自己对正义的看法与观点,他描绘出了自己心中的理想国度,在这个绝对美好的社会中,人们将摒弃私有财产,追求美德与正义,从柏拉图对于理想社会的呈现上可以看出他重义轻

---

① 《韩非子》,上海古籍出版社 2015 年版,第 544 页。
② 章士嵘编:《西方思想史》,东方出版中心 2002 年版,第 46 页。

利的思想倾向。亚里士多德作为柏拉图的学生,被马克思称作"古希腊哲学家中最博学的人物",恩格斯也称之为"古代的黑格尔"。亚里士多德认为正义是一种"中道的权衡",是法治与自由的结合。在他看来,正义就是合法和平等,它是保障公民利益的前提,追求正义也是追求利益的基础,"它调整人与人之间、人与社会之间的相互关系,保护公民的共同利益"①。

随着资本主义的快速发展,人们的思想发生了质的转变,西方文化中所涵盖的义利观得到了新的发展。与空虚的正义相比,人们更愿意去追求具备实际价值的利益,在这一阶段,功利主义思想得到了西方世界的追捧。约翰·斯图亚特·密尔以及杰瑞米·边沁是功利主义主要代表人物,两人都认为快乐和痛苦是人类行为的绝对动机。如果将这一评判标准引申到社会中去,那么实现人们的快乐与幸福就成为整个社会的行为准则。此时功利主义的大行其道实则也是资本主义上升时期的结果,此时的西方正包裹在丰富的物质财富所带来的幸福感之中,冲破了以往宗教禁欲主义的束缚,但这种观念也出现了相应的弊端。康德对此进行了批判,他指出为实现某一个个人功利目的而做事情不是真正的道德行为,真正的道德行为应纯粹基于义务。

纵观近现代西方文化思想的发展历程可以看出,对于利益的追求逐步成为社会的主流,相比较而言对于正义的追求则有轻视的倾向,但这也并不意味着整个社会放弃关注正义。美国作为资本主义国家中的后起之秀,在文化思潮上也更偏向于认可实用主义,认为评判理论是非的标准应由人们的实际生活状态是否有所改善来界定。约翰·罗尔斯则以20世纪六七十年代美国的动荡变幻以及资本主义社会内在矛盾为基础,对公平的正义进行了思考。他认为每个人都有权拥有与他人的自由并存的同样的自由,所有的社会价值都应当得到平等的分配,除非不平等的分配对

---

① 何建华:《正义是树立社会秩序的基础——亚里士多德制度伦理思想初探》,《复旦学报(社会科学版)》2002年第3期。

社会的劣势者最有利。罗尔斯的正义论出现后,人们开始更加重视社会平等,也同时挖掘出功利主义的弊端,让西方社会愈加向着义利兼顾的方向发展。

(三)马克思主义中展现的普惠共赢理念

马克思主义中所展现出来的普惠共赢理念实际上也是其义利观的一种呈现,马克思对于理性主义、旧唯物主义、庸俗经济学的错误义利观进行了批判,探索了如何处理好道德与利益、个人利益与集体利益以及效果与动机之间的关系,形成了正确义利观的基本观点。

一是处理好道德与利益之间的关系。马克思、恩格斯在考察资本主义经济关系的过程中阐明了利益本质上是社会经济关系的表现,"每一个社会的经济关系首先是作为利益表现出来"[①],道德则是"由经济关系决定的特殊的上层建筑和社会意识形态"[②]。马克思主义认为道德与利益并非对立关系,而是具有内在统一性,正如马克思所讲,"人们奋斗所争取的一切,都同他们的利益有关。"[③]利益可以驱动行为主体的能动性,是人类认识世界、改造世界的内在动力。马克思主义肯定人们对于物质利益的追求,认为在缺乏物质利益的前提下空谈道德是难以为继的,"'思想'一旦离开'利益',就一定会使自己出丑"[④]。但同时马克思主义也强调应以道德作为追求物质利益的行为约束及规范,甚至在特殊情况下,还要以牺牲物质利益为前提来维护道义原则。马克思主义的义利观强调义利的统一,希望达成义利兼顾的局面,阐明人的精神层次的道德追求需要物质的支撑,追求物质的同时也要遵循道德的要求。

二是处理好个人利益与集体利益之间的关系。马克思主义从不否认

---

① 《马克思恩格斯选集》第十八卷,人民出版社 1964 年版,第 307 页。
② 王泽应:《论马克思恩格斯义利学说的性质和基本特征》,《社会主义研究》2008年第 4 期。
③ 《马克思恩格斯全集》第一卷,人民出版社 1956 年版,第 82 页。
④ 《马克思恩格斯全集》第二卷,人民出版社 1957 年版,第 103 页。

个人利益的重要性,但也不像资本主义一样片面且夸张地强调个人利益,它"既不拿利己主义来反对自我牺牲,也不拿自我牺牲来反对利己主义","无论利己主义还是自我牺牲,都是一定条件下个人自我实现的一种必要形式"。① 但是在追求个人利益的时候不能以牺牲集体利益为代价,当个人利益与集体利益发生冲突时,应当以集体利益为先,甚至牺牲个人利益。

三是处理好效果与动机之间的关系。马克思主义义利观强调,要以辩证的眼光看待义利关系,二者不能混乱杂糅,更不能完全割裂。马克思主义主张可以在符合道德标准的基础上追求物质利益,利由义取;另一方面也推崇以物质利益为基础推动社会道德的塑造、提升。在评判某一行为的道德与否时,不能单纯的强调行为动机或效果,而是要有机结合。在共同体的构建中更是要明确,一种行为能否促进人类社会进步发展,是否服务于世界人民、关注世界人民的共同福祉。

二、实现人类共同发展的客观条件与现实困境

在世界经济论坛 2017 年年会开幕式上习近平提出,当下人们正处于一个矛盾的世界之中,有人将当前的矛盾归因于经济全球化,但曾经经济全球化被视为阿里巴巴的山洞,现在则又被看作潘多拉的盒子。经济全球化从来都是一把"双刃剑",因此只有正确引导经济全球化的发展方向,深入推进经济全球化进程,把全球经济的"蛋糕"做大,注重公平发展,减少发达国家和发展中国家的发展差距,切实达成全人类的共同发展。

习近平指出:"经济全球化是客观现实和历史潮流。面对经济全球化大势,像鸵鸟一样把头埋在沙子里假装视而不见,或像唐吉坷德一样挥

---

① 《马克思恩格斯全集》第三卷,人民出版社 1960 年版,第 275 页。

舞长矛加以抵制,都违背了历史规律。"①经济全球化作为世界历史大势,起到了推动世界经济快速发展,提高世界人民生活水平的作用。随着国际环境的变幻,经济全球化与政治一体化趋势日益彰显,各类文明之间也展开了更为多面和更有深度的对话与交流,为实现人类共同发展打下了基础。

经济全球化符合历史发展潮流,是人类社会发展的必然之势,如今的世界绝不可能再退回彼此封闭孤立、互不相通状态,也没有任何力量可以用任何手段切断世界的联结。但是"我们不能回避经济全球化带来的挑战"②,全球经济的确出现了增长动能不足、经济治理滞后以及全球发展失衡等问题并亟待解决。

全球增长动能不足,导致无法支撑世界经济稳定且持续的增长。《2023 年中国国际收支报告》显示,当前全球经济复苏情况分化,经济增长动能趋弱。据国际货币基金组织(IMF)的测算,2023 年全球经济增速为 3.1%,较 2022 年末略降 0.4 个百分点。由于国家之间的产业分工存在不合理的现象,一些国家经济发展受阻。部分发展中国家原有的发展模式因为高污染和高消耗难以长期为继。随着新型技术的日益成熟,很多国家开始谋求经济动能转换,但新的经济增长点还没有完全形成,各国仍在摸索中前行。

全球经济治理滞后,难以适应世界经济的全新发展形势。虽然当下国际经济环境发生了重大变化,但全球经济治理体系依然维持原貌,并未得到相应转变,代表性和包容性也远远不足。在全球的产业布局上,已逐步建立起新的产业链、价值链和供应链,但与之对应的贸易和投资规则没有紧跟发展形势得到更新,原有的机制和规则的弊端仍旧凸显。

---

① 《习近平新时代中国特色社会主义思想专题摘编》,中央文献出版社、党建读物出版社 2023 年版,第 524 页。

② 《习近平新时代中国特色社会主义思想专题摘编》,中央文献出版社、党建读物出版社 2023 年版,第 524 页。

全球发展失衡,难以满足世界人民对美好生活的向往。国际慈善组织乐施会在2023年1月发布的报告《富者生存》显示,过去两年全球新增财富近三分之二进了最富1%群体的口袋,是其余99%人口所获财富总和的近两倍。当工业发展进入智能化时代,国际社会中的不平衡也将加剧,尤其是资本回报和劳动力回报之间的差距有极大可能被扩大,收入分配的不平等以及发展空间的不均衡仍是发展中的巨大困境。由联合国开发计划署和牛津大学贫困与人类发展研究中心(OPHI)在2023年7月发布的全球多维贫困指数(MPI)报告指出,在该指数所覆盖的110个国家当中,有11亿人生活在严重的多维贫困中,占其总人口的18%以上。对于很多国家的人民而言,还在渴求着充足的食物、温暖的住房和稳定的工作生活环境,而这种全球发展的不平衡也导致了一些国家和地区的社会动荡。

由此可见,实现人类共同发展是社会历史发展的趋势,很多国家也憧憬着能够平等地分享全球经济的"蛋糕",但是,仍然有诸多现实困境需要在此过程中得到解决和突破。

三、共同繁荣新思路:构建发展共同体

"世界经济发展面临的难题,没有哪一个国家能独自解决。"[1]建设起一个共同繁荣的世界,不是某一国家某一地区的力量能达成的,需要世界各国强化交往对话,携手同行,构建人类发展的共同体。其中首先要正确认识和平与发展之间的关系,其次要避免封闭僵化,建设起开放型世界经济,最后要维护全人类的共同利益,平等发展、普惠共赢。

第一,构建发展共同体要正确认识和平与发展之间的关系。"和平

---

① 《习近平新时代中国特色社会主义思想专题摘编》,中央文献出版社、党建读物出版社2023年版,第523页。

犹如空气和阳光,受益而不觉,失之则难存。没有和平,发展就无从谈起。"①和平是人类社会繁荣发展的前提基础,发展是和平的重要保障,和平与发展是世界人民的共同事业。同时,长期而普遍的和平要靠经济社会的不断发展来维护,饥饿、贫困与不平等是引发冲突的重要原因,是社会动荡的根本缘由,只有持续发展才能从根源上消除矛盾。因此,构建发展共同体,实现全人类共同繁荣,维护人类社会的持久和平与稳定是必要前提条件,进一步加快均衡有序的发展是重要途径。

第二,构建发展共同体要共建开放型世界经济。在全球产业链、供应链深入发展的今天,各国之间早已形成你中有我,我中有你的局面,"各国经济融合是大势所趋"②。然而深入的交往可能导致各种类型的摩擦,但协商合作、互利共赢仍是共同愿景和前行方向。因此,共建开放型世界经济要凸显人类命运共同体理念,杜绝各种形式的保护主义出现,在解决经济问题时以达成共同利益为导向,以正确的义利观为指引,坚持开放合作,不搞针锋相对。全球经济发展成果应由世界人民共享,因此共建开放型世界经济要让所有国家都参与到全球经济治理和国际经济制度制定中来。同时,要不断拓展经济发展空间,坚决不走以邻为壑的老路,以更大程度的开发开放赢得广阔的发展前景。

第三,构建发展共同体要维护全人类的共同利益,平等发展、普惠共赢。地球是全人类的共同家园,因此世界各国都生存在一个命运共同体之中,没有任何一个国家能在损害人类全体利益的同时独善其身。因此在经济发展中要强调机会的平等与发展空间的均衡,构建新型国际关系,在互惠互利中达成共赢。习近平多次强调,要共建美好世界的最大公约数,寻求国家交往的利益交汇点。塑造共同利益有助于国家自身利益的

---

① 习近平:《论坚持推动构建人类命运共同体》,中央文献出版社 2018 年版,第 30 页。

② 《习近平新时代中国特色社会主义思想专题摘编》,中央文献出版社、党建读物出版社 2023 年版,第 523 页。

维护,也有利于树立本国在国际社会中的良好形象,提升综合国力。各国之间只有摒弃隔阂,在强化合作中凸显共同利益,才能破解自身国家发展中的利益困境。同时在国家交往中,一方面要注重互惠互利,另一方面也要注重国际正义的维护。当国际正义与本国利益发生冲突时,要将国际正义放在首位。"以利相交,利尽则散;以势相交,势去则倾;唯以心相交,方成其久远"①,习近平曾引用《中说·礼乐篇》中的名句来说明在国际交往中道义优于利益。中国在国际交往中倡导义利兼顾,以义为先的新型义利观,并以此推进国家之间在平等的基础上深入交流对话,促进共同发展、互帮互助,在构建人类命运共同体的过程中凝聚价值共识,形成道德规范,维护全人类的共同利益。

第四节　人文交流理念互通新模式:
构建文明互鉴的人文共同体

各类文明的差异造就了人类文明的丰富性与多样性,不同文明在其特定的社会历史环境以及自然条件的影响下被催生,都具有其相应存在的合理性。德国历史学家卡尔·雅斯贝斯在《历史的起源与目标》中曾指出:"从中国到西方,文明在一切地方产生。""历史现象无边无际地分散,有许多民族,许多文化,每个民族和文化又有由特殊历史实事组成的无线多样性。"②他认可人类文明的丰富性与多样性是文明之间交流互鉴的重要基础,同时也认为人类文明在交流互鉴中得到了更为广泛的传播

---

① 习近平:《共创中韩合作美好未来,同襄亚洲振兴繁荣伟业》,《人民日报》2014年7月15日。

② [德]卡尔·雅斯贝斯:《历史的起源与目标》,魏楚雄、俞新天译,华夏出版社1989年版,第284页。

和更为长久的留存。美国学者斯塔夫里阿诺斯在《全球通史》中提到"中国文明的特点是聚合和连续"①,在四大古文明中,只有华夏文明从未中断,并绵延传承了上千年之久。而"中国文明"的"连续",以及华夏文明能得以赓续都源自开放性与包容性,他指出:"曾有许多游牧部族侵入中国,甚至还取某些王朝而代之;但是,不是中国人被迫接受入侵者的语言、习俗或畜牧经济,相反,是入侵者自己总是被迅速、彻底地中国化"②。在他看来,华夏文明以高度的开放性接纳外来文明,并能在短时期内将其同化,从而进一步丰富自身文明。与此同时,西方文明则是吸收借鉴了多种文明的基础上才形成的。面对中世纪时期来势凶猛的侵略,西方古典文明被连根拔起,却开辟了一条新文明的形成之路。新西方文明更具革命性,技术的不断发展更是激发了新西方国家的扩张欲望。早在1500年以前的历史中,欧亚大陆的居民在世界总人口数上曾占有极大比例,同时由于各国家民族之间地理位置的邻近,使他们在很长一段时间里程度不同地相互影响,而从15世纪起欧洲的海外扩张活动更加速了各民族文明之间的交流。因此,西方文明离开了文明之间的交流与互鉴将难以为继,而中国文明也在与其他文明的对话中更加丰富多彩。

时代发展至今,西方文明的凭借其各方面实力,曾一度极具世界影响力。但从人类文明发展历程中可以看到,任何文明都不能代替其他文明而具有绝对统治性,西方文明更不具有"普世"的价值和意义。2014年3月27日,习近平主席在联合国教科文组织总部演讲时指出:"文明因交流而多彩,文明因互鉴而丰富。文明交流互鉴,是推动人类文明进步和世界和平发展的重要动力。"③世界文明本就具有多样性,人类文明的成长与延续更是离不开文明之间的交流与互鉴。2015年9月28日,习近平主席

---

① [美]斯塔夫里阿诺斯:《全球通史》(上),北京大学出版社2006年版,第128页。
② [美]斯塔夫里阿诺斯:《全球通史》(上),北京大学出版社2006年版,第129页。
③ 习近平:《文明交流互鉴是推动人类文明进步和世界和平发展的重要动力》,《求是》2019年第9期。

出席第 70 届联合国大会时对"共同价值"进行了阐述,提出"和平、发展、公平、正义、民主、自由是全人类的共同价值"①。人类文明的进步需要共同价值的引领,人类命运共同体的构建更需要全人类共同价值的支撑。2020 年 11 月 10 日,习近平主席在上海合作组织成员国元首理事会第二十次会议上提出"促进民心相通,构建人文共同体"重大倡议,在全人类共同价值的指引下,在世界各国的努力之下,人类文明将求同存异、交流互鉴,走向更加深远的人文共同体的构建之路。

一、文明互鉴的理念提出与时代发展

文明互鉴理念并非凭空产生,它随着人类文明发展的历程而构成。在人类命运共同体的视域下,文明互鉴理念更有其出现的特定理论根源。

(一)中华传统文化中的文明互鉴理念

在中华文化的历史长河中,"融合"与"互鉴"始终是其发展的关键词。中国在与国外文明的交流互鉴中也总结出诸多的成功经验,对于当今"中华民族现代文明"②甚至世界文明发展仍有重要意义。

在世界历史的范畴中,中华文明是人类历史上唯一未曾中断的文明,而维持其连续性的重要因素即文明之间的交流互鉴。在中国历史中也出现过战争与动荡,也曾经遭到周边游牧民族的多番侵入,甚至经历过数次的王朝更迭,但中华文明依旧长盛不衰。正是文明的交流互鉴以及思想的融合,让中华文明在各个历史时期焕发出新的生机。

儒家思想在很长时间以来都是中华文明的核心思想,在中华传统文化中长期占据重要地位。儒家思想至今仍有极其旺盛的生命力,无论是

---

① 习近平:《携手构建合作共赢新伙伴　同心打造人类命运共同体——在第七十届联合国大会一般性辩论时的讲话》,《人民日报》2015 年 9 月 29 日。
② 《习近平在文化传承发展座谈会上强调担负起新的文化使命努力建设中华民族现代文明》,《人民日报》2023 年 6 月 3 日。

对于当今中国和平交往、和谐发展的理念性影响,还是其在海外长久的广泛传播,都证实了儒家思想具有极其强大的时空适配性,也证明了这一思想的相对成熟性。

儒家思想内涵丰富,主要包括仁、义、礼、智、信等思想道德追求,"仁"是其思想核心。在儒家经典著作《论语》中,通篇都在探讨"仁"这一理念。儒家思想强调"仁者爱人",推崇人与人之间的友爱相处,而非冲突对立。延伸至文明交往交流中,则强调文明之间的相互理解,和谐共处。同时儒家思想更要求在阶级社会中统治者要以仁爱之心对待被统治者,突出爱之平等。因此在文明交往交流中,儒家思想倡导文明交往过程中的平等,与近代所形成的"西方中心主义发展文明"①有着显著的区别。随着全球化时代的到来,各区域之间的文明交往逐渐加深,但从另外一个角度也更激发了各自对本土文明的保护意识,以减少外来文明对本土文明的侵袭。儒家思想强调文明是平等的,每种文明都应对其他文明保持尊重,各类文明都应该有存在的价值。

儒家思想中的和合观对于文明之间的交融互鉴提供了合理方案。《论语·子路》中指出"君子和而不同,小人同而不和",在儒家思想中讲求万事万物之间的和平、共生关系,彰显了协商、共处的重要性。儒家思想中的和合观强调文明之间的和谐互融,但是在"和"的基础上,孔子也加入了"同"的差异,更深化了对"和"的理解。因此,"和"并非无原则的通融,也不是无差异的硬性统一,而是在相互尊重与理解的基础上,达到一种和谐统一。因而各类文明之间在关系的处理上,无须追求彻底的统一,各类文明可以在保留自身特色的基础上强化交流与融合,达成对话与互鉴。任何一种文明都有自己独特的色彩,世界也因多样的文明而丰富,正因为文明的多样性和差异性,文明之间的交流才具有意义。

在儒家思想的和合观看来,无论是人与人之间的交往,还是文明与文

---

① 李铮:《理念·现实·路径:多维视角下的人类命运共同体构建》,武汉大学出版社 2021 年版,第 124 页。

明之间的对话,都应秉持亲和的姿态,避免冲突的产生,以和平方式交流融合,互相理解认同,往来借鉴。

道家思想蕴含着中国传统文化中的自然哲学,甚至有些学者认为儒家思想在某些方面深受道家思想的影响。儒道二家相互吸收融合,如董仲舒所总结提出的"天人合一"的观点,就是儒道思想有机结合的最佳佐证。道家思想的核心概念即是"道",《道德经》中讲"人法地,地法天,天法道,道法自然","道是"自然运行的规律,也是人所要遵循的行为法则。其中"道生一,一生二,二生三,三生万物",万事万物皆由"道"而生。《淮南子·天文训》对此解释为道分阴阳,阴阳相合之下万物乃生。阴阳两极本相对立,但在对立的基础上又存在统一性,在融合统一的基础上又有新生。而文明的交往交流也是如此,世界文明本就多样,对于具有差异性的文明更应怀抱包容之心,给予平等对待。而在不同文明的交流过程中,也会碰撞出不一样的火花,在相互借鉴融合中形成新生文明。

老子作为道家思想的关键性人物,在阐述道理时常以水为喻,在《道德经》第八章中提出了"上善若水"的哲学思想,以"善利万物而不争,处众人之所恶"①来论证水为何"几于道"②。"道"性如水,温和柔软,与世不争。利益的争夺往往是世间纷争的开端,而纷争的出现又常常导致双方皆有损失,只有避免争夺才能免于蒙受损失。在道家思想的视野下,各类文明之间无所谓高下,如果陷入相互博弈的境地只会带来两败俱伤。文明之间的相处应顺应自然,相互之间既要掌握自洽的能力,也要掌握他融的能力,在自洽与他融的过程中必会相互渗透产生良好的效应。

佛教作为舶来文化在中国已广泛传播千年,它的出现对中国乃至整个东亚社会都产生了前所未有的影响,它更是文明之间交流互动的典型。与本土文化思想不同,佛教带有明显的印度、西域民族文化的风采,但佛教自传入中国以来即开始经历其中国化的历程。

---

① 陆玉林编:《道德经精粹解读》,中华书局 2001 年版,第 50 页。
② 王弼:《老子道德经注》,中华书局 2011 年版。

　　历史上一般认为佛教大约于西汉末东汉初传入中国,在魏晋南北朝时期迎来了大范围的传播。一般宗教的传播与各类文化之间的广泛交往交流是难以分开的,汉武帝时期丝绸之路的开通让中国中原地区与西域之间的商贸往来日益紧密,这也为佛教的传入埋下了有利的伏笔。西域被称为"佛教的第二故乡"①,西域对于佛教在中国的传播起到了推动作用。佛教自印度传入西域,在西域已经历过一番沉淀,与儒家思想产生了初步融合,为后期佛教顺利进入中原地区打下基础。在传入中原以前,西域的佛教发展实则已趋于成熟,各类与佛教相关的文学艺术作品层出不穷,对于佛学的研究也已达到较高水平,至魏晋南北朝时期更是达到鼎盛。西域各国在与中国的交往中,带来了诸多不同身份的佛教信徒,同时各地僧人之间也频繁取经探讨,这也为佛教在中国的传播做出了极大的贡献。

　　佛教之所以可以在中国顺利传播,一是由于佛教本身内容具有深刻的思辨性,同时又以宗教为形式,令其受众群体极为广泛。二是由于在佛教初传时期,正处于中华文明的文化突破期(汉末魏晋时期),中华文明也在寻求全新选择,而佛教为中华文明带来了新的要素,刺激了文明的变革。三是佛教顺利完成了"中国化",佛教作为与中国传统思想迥然不同的一种文化形态,在经历了与中国传统文化的碰撞与交锋后,尤其是在与已经相对成熟的儒家思想和本土宗教道教产生了激烈争论后,发生了精妙的融合。唐朝以后,随着三教合流,已然"中国化"的佛教成为中华文明的有机组成部分。佛教为融入中华传统文化,不断推动三教融合,从多个角度寻求三教之间的相似性与一致性;而儒家思想也深受佛教影响,佛教尤其对阳明心学产生了极大的影响;道教更是在诸多方面受到了佛教的启迪。与此同时佛教的传入也并未撼动中华传统文化的地位,而是在这个过程中丰富发展了中华传统文化,使其更加丰满。佛教在中国的传

---

　　① 武斌:《世界文明交流互鉴的中国范式》,广东人民出版社 2023 年版,第 55 页。

播经历了"文化冲突""文化妥协"到"文化融合"①,从一个方面展现了中华文明对外来文明的包容性和兼收并蓄的文明互鉴思维。另一方面也体现出佛教思想的共融性,佛教的平等思想认为世间万物本就平等,在文明交流视域中就表现为文明之间的平等交往和有利互鉴;佛教倡导人应怀有慈悲之心,宽容待事,友善待人,而文明交流也应保持宽待之心,相互理解包容。由此可见,佛教的"中国化"是其自身与中华传统文化的双向奔赴,更是文明交流互鉴的成功典范。

综上所述,中华文明有着与其他文明之间互鉴的历史渊源与思想基础,如今我们在人类命运共同体的构建进程中,多重文明与中华文明开展了更深层次的对话,文明互鉴理念也将更加深入人心,并逐步形成新时代世界范围内人类文明的一体化格局。

（二）西方传统文化中的文明互鉴理念

在西方文明的发展历程中,文明之间的交流互鉴占有重要席位。与中华文明不同,西方文明在较长时间内与外来文明的对话中散发着强烈的"西方中心主义色彩"②,仅仅囿于狭小范围内的交往,正是这种早期文明发展的封闭性,使得西方对文明交流互鉴表现得并不热切。从中世纪开始,西方文化、技术的发展可以与其经济政治的发展相匹敌,文艺复兴成为西方文明发展史上的第一道分水岭。文艺复兴启蒙于14世纪的意大利,它让西方文化开始不再被教会垄断,绽放出了蓬勃生机。文艺复兴运动产生形成了现世主义和个人主义,与之前的教会文化有极大差异,它们更看重人所现存的今生而非虚妄的来世,注重的也不再是基督教神学而是异教经典。文艺复兴为西方带来了思想的革命,这种革命也同时促进了西方国家的对外扩张,让其文明视野变得更为广阔,结成了文明交流

---

① 武斌:《世界文明交流互鉴的中国范式》,广东人民出版社2023年版,第65页。

② 李铮:《理念·现实·路径:多维视角下的人类命运共同体构建》,武汉大学出版社2021年版,第126页。

的硕果。

到了17、18世纪,随着全球化的进程不断加深,各个区域之间的交往日益密切,文明之间的交流变得更加频繁且深入,不同文明之间的矛盾则逐渐展露出来。此时便需要形成一种规则,让文明交流处于可控范围内,在此情形下理性主义被率先发展起来。格劳秀斯和卢梭将法律视作理性的代表,希望通过法律来规束文明交流。卢梭认为自由和平等是上天赋予人的权利,"每个人生而自由、平等"①,他认为人从自然中来,文明却破坏了人的自然本性。文明社会让人类失去了原有的质朴,带来贪婪、虚伪、罪恶与纷争,原有的道德秩序开始分崩离析。文明推动了社会的发展,积累了无数财富,物质的丰富却带来了私有制和人与人之间的不平等,在《论人类自由不平等的起源与基础》中他提出"人类文明的发展史是一部堕落史,而私有制的确立是造成人类不平等及其后果的关键"②。因此卢梭强烈地排斥文明,渴望回归到人类的"自然状态",渴望达到一种人人自由而平等的状态。康德发扬了卢梭关于人类和平的观点,同时也对于文明交流互鉴进行了阐述,"语言的不同与宗教的不同;它们确实导致了互相敌视的倾向和战争的借口,但是随着文化的增长和人类逐步接近于更大的原则一致性,却也会引向一种对和平的谅解,它不像那种专制主义(在自由的坟场上)那样是通过削弱所有的力量,而是通过它们在最生气蓬勃的竞争的平衡之中所产生出来并且得到保障的"③。在康德看来,文明的差异性确实会引发矛盾与冲突,但是随着人类文明的进一步发展和文明之间更深层次的交流,这种冲突将被和平的方式取代。而文明在交流的过程中也会通过竞争的方式彰显活力,最终达到一种平衡状态。康德的观点与前面所论述的中华传统文明中儒家思想"和而不同"的观念极为相似,都是渴望文明能在理解差异中寻求和谐。《威斯特伐

---

① [法]卢梭:《社会契约论》,商务印书馆1980年版。
② [法]卢梭:《论人类自由不平等的起源与基础》,商务印书馆1962年版。
③ [德]康德:《历史理性批判文集》,商务印书馆1990年版,第130—131页。

利亚和约》的签订,在结束了欧洲大陆宗教改革运动的同时使"理性协商成为国际交往的基本规则"①。它开创了用国际会议的形式解决国际争端,结束国际战争的先例,使"和平方式解决争端"成为一种惯例。同时它还实践了从文艺复兴时期就已经出现了的国家主权平等原则,将文明之间的交往交流框定于理性原则的规则之下。

由此可见,西方文明在交流互鉴中取得了飞跃性成就,也同步取得了在世界历史上熠熠生辉的思想果实。

(三)马克思主义视域下的文明互鉴理念

如今在构建人类命运共同体的视角下来探讨文明互鉴理念,就绝对绕不开对马克思主义文明观的思考。马克思主义文明观的理论基石是历史唯物主义,在对社会历史展开深入研究的基础上,马克思、恩格斯进一步探究人类文明进程,在文明领域形成了一系列思想观点。马克思、恩格斯虽然没有专门对文明互鉴进行直接论述,但在其论著中蕴含着关于文明互鉴的深刻思考。在马克思、恩格斯看来,文明是社会历史的产物,同时文明一直处于不断进化的状态,人类文明的演变具有规律性,各类文明的发展有普遍性。与此同时,在马克思、恩格斯的多部经典著作中都曾经论述过,文明具有"民族多样性",不同的地区、国家、民族在社会文明发展上的路径与表现有所不同。在不同时期,文明可能受到生产方式、地理因素、人文环境的影响而产生差异;在同一个发展时期,也可能由此而产生地域差异。哪怕在同一民族中,民族文化也因受民族发展史、民族精神等内部因素的影响而出现差异。

在马克思主义唯物史观看来,文明交往应是建立在生产实践的基础上,生产实践的发展为文明之间的交往交流提供了物质基础,正如同中国明朝时期的郑和下西洋,如果没有明朝繁荣的经济支撑和雄厚的国力支

---

① 李铮:《理念·现实·路径:多维视角下的人类命运共同体构建》,武汉大学出版社2021年版,第126页。

持,以及唐宋元以来高超的造船技术和先进的航海技术,则无法支撑此次航程所完成的文明交往交流。同时生产实践的发展也让文明互鉴变得更有必要性,文明之间也是在交流、竞争、互鉴的过程中得以发展,从而进一步加速生产实践的跃进。

马克思在探讨文明交流互鉴观点时对现代西方文明进行了分析。相比中国农业文明的自然封闭性,现代西方文明带有明显的外向型特征。工业革命以来,西方世界生产水平大幅增长,西方文化逐步脱离原有的以血缘为纽带的宗法制,向着以市场为中心的商品经济形式发展。伴随着生产方式的变革,资本主义文明开始对外扩张,但此时在全球范围下的文明扩张凸显着掠夺和殖民的意味。马克思、恩格斯指出:"资产阶级,由于一切生产工具的迅速改进,由于交通的极其便利,把一切民族甚至最野蛮的民族都卷到文明中来了。"①这阐明了资本主义文明交往的强制性与剥削性,任何民族如果不认可并参与资本主义文明的交往中来,不采取资产阶级的生产方式就会遭到灭亡。从形式和过程看来,很多国家、地区和民族并非主动融入资本主义文明交往,而是极其被动地被迫裹挟其中,在此过程中,国家、民族之间的平等性被消除,文明之间的平等性荡然无存,甚至出现了"优劣"之分,"它迫使一切民族——如果他们不想灭亡的话——采用资产阶级的生产方式;它迫使它们在自己那里推行所谓的文明,即变成资产者"②,同时文明的多样性也面临着消弭的风险。马克思虽然批判资本主义侵略式的文明扩张,但也肯定了资本主义让文明之间的交流变成一种普遍形式。"资本一方面要力求摧毁交往即交换的一切地方限制,征服整个地球作为它的市场,另一方面,它又力求用时间去消灭空间,就是说,把商品从一个地方转移到另一个地方所花费的时间所见到最低限度。"③资本主义让生产实践得到了高速发展,同时也打破了各

①《马克思恩格斯选集》第一卷,人民出版社2012年版,第404页。
②《马克思恩格斯选集》第一卷,人民出版社2012年版,第404页。
③《马克思恩格斯全集》第三十卷,人民出版社1995年版,第538页。

民族、地区的封闭状态,促进了文明的交流互鉴,"民族的片面性和局限性日益成为不可能";而文明之间也在互鉴中改造了落后地区的生产实践,让生产实践的发展方向不可逆转。

其一,文明要进行有效的交往交流,才能实现相互借鉴。纵观马克思、恩格斯对于文明交流的观点可以看出,经济交往是文明在其他层面交往的先导。商业活动的发展推动了资产阶级的出现,资产阶级为了资本的全球化打破了世界原有的宁静,让文明不再封闭于原有空间。马克思指出,资本"到各地追逐黄金是一些地区发现,使新的国家形成;首先使进入流通的商品的范围扩大,这些商品引起新的需要,把遥远的大陆卷进交换和物质变换的过程"①,资产阶级将各类新型商品推入世界市场,各个国家由民族工业开始转变为世界工业,由本国消费转变为全球消费。资本在追逐利润的过程中扩大了世界市场,"为文明的进步做好了准备,使各文明国家里发生的一切必然影响到其余各国"②。资本主义通过商业活动的发展,打破了文明之间原有的樊篱,文明之间的交往交流自此成为一种世界发展趋势,全球文明的一体化展开序幕。马克思、恩格斯认为,在经济交往的基础上延伸出的文明交往决定了资本主义文明带有掠夺性,其他欠发达地区的文明被动承受资本主义文明所带来的强势冲击,并不断在此过程中改变自身文明发展走势。

其二,政治交流受到经济交流的影响,成为文明交流的重要环节。马克思曾论述道:"由于被征服的奴隶制度的生产力的影响,封建主义才发展为现在的封建主义的。"③资本主义在世界范围内产生的深刻影响并不只围于经济层面,经济交流让全世界进入了生产力大变革时代,在先进生产力的作用下一些国家和民族的社会形态出现了跨越式的发展,在此基础上民族和国家制度也同步发生变化。而资本主义为了满足自己在全球

① 《马克思恩格斯全集》第四十六卷(上),人民出版社1979年版,第175页。
② 《马克思恩格斯全集》第一卷,人民出版社2012年版,第299页。
③ 《马克思恩格斯全集》第三卷,人民出版社1974年版,第83页。

范围内的顺利运行,也渐渐在与落后地区的经济交往中暴露血腥的本质,开始用暴力手段为自己开拓国际市场,并用殖民的方式让落后地区在政治制度上与其宗主国保持同步,资本主义国家对中国的侵略就是其中典型的代表。1842 年鸦片战争失败后中国清政府与英国签署了《南京条约》,割让香港岛与英国,并开放五个对外通商口岸,一方面在经济上为资本主义打开中国市场扫清了障碍,另一方面在政治上开启了资本主义国家在中国的殖民统治。采取暴力手段达到文明征服目的的并不只是先进文明对落后文明,在世界历史上也曾出现过落后文明通过武力征服先进文明。在此情形下,落后文明往往会选择在文化层面向先进文明进行学习,快速融入先进文明之中。例如,中国历史上的元朝与清朝的建立即是相对落后的游牧民族武力征服汉民族政权,但在新政权建立后便与汉民族文明互鉴融合,以巩固自身政权。正如马克思所讲:"奴隶成了主人,征服者很快就学会了被征服民族的语言,接受了他们的教育和风俗。"①在马克思、恩格斯看来,移民也属于一种文明交流的方式。马克思在研究古代移民时认为"过剩人口对生产力的压力,迫使野蛮人从亚洲高原侵入世界各国"②。但资本主义社会中的移民现象显然与古代不同,"不是生产力不足造成人口的过剩,而是生产力增长要求人口减少"③。生产力的发展让大机器生产代替了手工生产,过多的劳动力为资本的逐利带来了阻碍,因此势必通过移民来纾解劳动力的过剩。近代资本主义在全球扩张中通过掠取、经营殖民地并输送移民的方式来释放宗主国劳动力过剩的压力,并同时带来了宗主国的地域文明,与殖民地本土文明完成交流与融合。西方文明在殖民地中完成的文明交融实际上也是一种强制性的灌输与残酷的剥削,殖民地人民被动地承受着宗主国带来的生产方式,也被动地改变了原有的制度文化,将其改造得可以与资本主义经济

---

① 《马克思恩格斯全集》第三卷,人民出版社 1960 年版,第 83 页。
② 《马克思恩格斯全集》第八卷,人民出版社 1961 年版,第 619 页。
③ 《马克思恩格斯全集》第十一卷,人民出版社 1995 年版,第 662 页。

发展相适应。马克思指出,一个国家、民族在世界上的经济地位将影响其文化地位,经济霸权与文化霸权相伴而生,西方文化凭借资本主义强势的经济实力占领了世界文化的领导地位,西方的文化霸权也由此逐步生成。文化交流伴随经济交流而出现,最终"各民族的精神产品成了公共的财产。民族的片面性和局限性日益成为不可能,于是由许多种民族的和地方的文学形成了一种世界的文学"①。在多种文化的交流融合中世界文化逐步产生并得以丰富。

马克思、恩格斯通过对世界文明交往交流的探究,对不同文明之间交流互鉴的规律性进行了归纳。其一,文明交流互鉴会加速生产力的发展。马克思在《共产党宣言》中指出,资本主义在它的不到一百年的发展历程中所创造的生产力,比过去一切世代创造的全部生产力还要多,还要大,而生产力的空前提升与文明之间的交流互鉴有极大相关性。马克思指出:"某一个地方创造出来的生产力,特别是发明,在往后的发展中是否会失传,取决于交往扩展的情况。"②同时一些发明创造会在文明交往中带给整个世界极大的影响力,英国哲学家、科学家弗朗西斯·培根对中国的三大发明发表过论断:"三大发明即印刷术、火药和指南针,古人并不知晓;我们应注意到,没有哪个方面的发明就其力量、功效和结果而言,比三大发明更惹人注目。因为这三大发明改变了整个世界的面貌和状态。"③三大发明传入西方后产生了爆炸式的影响,甚至远超同时期在中国的影响。由于古代文明大部分是在较为封闭的环境中孕育而出的,一旦出现如战乱一般的突发事件则很容易造成文明的中断甚至灭亡,曾经在古地中海闻名一时的商业民族腓尼基,他们所创造的文明就在与罗马的斗争中被摧毁。高度的文明交流让文明的保存更具保障,资本主义让文明交流扩张到世界范围,不仅让各类文明得以存续,也促进了生产力的

---

① 《马克思恩格斯选集》第一卷,人民出版社 2012 年版,第 404 页。

② 《马克思恩格斯全集》第三卷,人民出版社 1960 年版,第 61 页。

③ Francis Bacon, *Novum Organum*, Aphoersm, p. 146.

发展，就如马克思所说的"只有交往具有世界性质，并以大工业为基础的时候，只有在一切文明都卷入竞争的时候，保存住已创造的生产力才有了保障"①。不同文明之间通过交流互鉴，一方面让自身文明得以传播保存，另一方面让各类文明相互取长补短，获得更多生产力发展的经验和知识技术，加速生产力水平的提升。其二，文明的交流互鉴具有非抗拒性。文明交流的广度和深度都随着人类生产力的发展而发展，随着生产力的全球扩展，国际分工逐渐细化，国家之间的相互依赖性进一步加深，文明之间的交流互鉴逐渐深化。其三，在文明交流互鉴中，先进文明将战胜落后文明。在暴力战争中，获胜方无论从属先进文明还是落后文明，其结果都是由先进文明取代落后文明。对此马克思进行过深入考察："相继入侵印度的阿拉伯人、土耳其人、鞑靼人和莫卧儿人，不久就被印度化了，——野蛮的征服者，按照一条永恒的历史规律，本身被他们所征服的臣民的较高文明所征服。不列颠人是第一批文明程度高于印度因而不受印度文明影响的征服者。他们破坏了本地的公社，摧毁了本地的工业，夷平了本地社会中伟大和崇高的一切，从而毁灭了印度的文明。"②

由马克思对文明交流互鉴的论述可以看出，文明交流互鉴是人类发展历程中的一种常态，推动着人类社会的进化。进入资本主义扩张时期，文明交流互鉴的范围向着全球化进展，至今此种现象仍在进行中。马克思、恩格斯在研究文明交流互鉴问题时，由于时代的局限和社会条件的束缚，视野集中在以西方为中心的范围内，但仍然可以证明其基本观点和基本结论的科学性。

二、"文明冲突"与"文明互鉴"的争论

很长一段时间以来，"文明冲突论"与"文明互鉴论"始终处于争论状态。"文明冲突论"以"欧洲中心史观"为基石，由亨廷顿于 1993 年提出。

---

① 《马克思恩格斯全集》第三卷，人民出版社 1960 年版，第 61-62 页。
② 《马克思恩格斯全集》第十二卷，人民出版社 1998 年版，第 246 页。

"文明互鉴论"则以"世界历史观"为基础依据,在克服文明交往历史局限性的基础上,推动构建起人类文明新形态。

(一)文明之间的冲突

世界文明是多样的,文明的异质性始终存在。目前在西方社会,受到以亨廷顿"文明冲突论"的影响颇深。冷战结束后,世界并未出现西方国家所向往的"欢欣而和谐"[①]的局面,国家之间新模式的结盟与冲突不断发生,在此基础上亨廷顿试图以文明冲突理论作为分析国际社会的框架。在亨廷顿的认识中,冷战后的世界文明走向了多极化的状态,全球政治演变成文明的政治,不同文明之间的冲突取代了原本大国之间的竞争。因此,在这一阶段,"最普遍的、重要的和危险的冲突不是社会阶级之间、富人和穷人之间,或者其他以经济来划分的集团之间的冲突,而是属于不同文化实体的人民之间的冲突。部落战争和种族冲突将发生在文明之内"[②]。

亨廷顿归纳总结冷战后时期的世界可划分为八类文明。其中西方文明分布于欧洲、北美和拉丁美洲,它以基督教为精神支柱,并将在很长时间内领先于世界。中华文明极具独特性,它延续了上千年,儒教是其重要组成部分却又不能完全涵盖,中华文明具有一定范围内的影响力,历史上丝绸之路的建立让中华文明与伊斯兰文明保持了良好的关系。日本文明具有杂糅性,它早期承袭于中华文明,后期又向西方文明学习,因此在日本文明身上映射出中西两种文明的影子。印度文明以印度教为宗教支撑,以印度为核心国家。伊斯兰文明以伊斯兰教为精神底色,源于阿拉伯半岛,传播至中亚、南亚次大陆和东南亚。东正教文明与西方文明联系紧

---

① 塞缪尔·亨廷顿:《文明的冲突与世界秩序的重建》,周琪、刘绯、张立平,等译,新华出版社1998年版,第11页。

② 塞缪尔·亨廷顿:《文明的冲突与世界秩序的重建》,周琪、刘绯、张立平,等译,新华出版社1998年版,第7页。

密,与其母文明拜占庭文明和基督教文明有所区别,彰显出与西方文明不同的宗教文化色彩。拉丁美洲文明虽然也源自欧洲文明,却走上了与北美和欧洲截然不同的演进道路。拉丁美洲的文明形态较为复杂,区别于宗教改革后的北美和欧洲,在宗教上仅受天主教的影响;在文明发展中拉丁美洲结合了本土文化,但人群的复杂又让其文明发展具有独特性。非洲文明以部落文化为基石,分布于撒哈拉以南非洲地区,历史上曾被西方国家殖民侵略。各类文明之间经历过两个阶段的关系演变,当下正处于第三阶段,"文明之间的关系从受一个文明对所有其他文明单方面影响支配的阶段,走向所有文明之间强烈的、持续的和多方向的相互作用的阶段"①。文化彰显着文明之间的差异,而文化在世界范围内的分布同样反映了权力的分布。西方文化在西方权力的加持下被推广至世界各地,但随着欧洲殖民主义的结束和美国霸权的衰落,西方文化逐渐被各地本土文化侵蚀。越来越多的国家开始意识到文化作为一种软实力极具价值性,西方文化遭遇了极大的挑战。本土文化的振兴带动了区域经济的发展,这让该区域对自身文化的自信心更加坚定。而在亨廷顿看来,各类文明的差异加之更深层次的交流将激发文明之间的矛盾与冲突。

亨廷顿的文明冲突论在提出时遭遇了来自多方的质疑,这也与冷战结束后的国际局势变化有很大关系,资本主义阵营与社会主义阵营不再针锋相对,开始展开沟通,与之相比,福山的历史终结论反而更受追捧。但随着近年来一些国际性事件的发生,文明冲突论在西方逐渐被广泛接受。固然亨廷顿的文明冲突论在一定程度上具有"逻辑自洽性"和"现实合理性"②,但这种理念很容易陷入"二元对立"的陷阱之中。亨廷顿对于"普世文明"进行了批判,并始终认可文明的多样性,正如他准确地划分

---

① 塞缪尔·亨廷顿:《文明的冲突与世界秩序的重建》,周琪、刘绯、张立平、等译,新华出版社1998年版,第39页。

② 李铮:《理念·现实·路径:多维视角下的人类命运共同体构建》,武汉大学出版社2021年版,第145页。

了世界上的八大文明,同时他还批判美国的普世价值,认为普世文明是西方文明创造出来对于其他非西方社会进行文化统治的产物,"普世主义是西方对付非西方社会的意识形态"①,同时它是错误、不道德且危险的。亨廷顿这种看法实际上是认可文明应是多样而非单一的,这是各类文明达成平等交流的正确前提。亨廷顿直言文明间会出现两种类型的冲突,其中之一便是断层线上的冲突。诚然断层线上的冲突确实存在,但他将世界冲突的根源归结于文明冲突被很多学者认为并不正确。尤其是这一说法与马克思主义历史唯物主义的观点大相背离。历史唯物主义的基本观点指出,经济基础决定上层建筑,经济的全球化势必会深化国家之间的交往与合作,文明之间的交流也应基于此更加开放包容、融合互鉴,而非加深矛盾。

亨廷顿对于人类文明的相关研究,实际上带有十分明显的政治倾向性。苏联解体后,西方国家一直在寻求一种全新的对外交流模式,亨廷顿的理论为处在茫然阶段的西方国家点燃了一盏指路明灯。同时文明冲突论正好迎合了西方国家想要维持自身文明在国际中主导地位的想法,还提出了一系列相关措施。例如,他指出针对 20 世纪西方力量的式微,可以让北美和欧洲"更新建立在文化共性基础上的道德生活,并发展紧密的经济和政治一体化形式来补充其在北约内的安全合作,它们便能再创造出西方经济富裕和政治影响扩大的第三个阶段欧美阶段。富有意义的政治一体化在某种程度上能够抵销西方在世界人口、经济生产和军事能力上所占比率的相对下降,并使其他文明的领导人看到西方力量的恢复"②。他试图加深欧洲和北美之间的合作,以恢复西方文明的绝对话语权。亨廷顿在探讨世界文明交流的同时,也将目光放在了美国的文明对

---

① 塞缪尔·亨廷顿:《文明的冲突与世界秩序的重建》,周琪、刘绯、张立平,等译,新华出版社 1998 年版,第 56 页。

② 塞缪尔·亨廷顿:《文明的冲突与世界秩序的重建》,周琪、刘绯、张立平,等译,新华出版社 1998 年版,第 355 页。

话上。在他看来,美国内部文化的多元性潜伏着危机,威胁着美国和整个西方。他不认为美国文化应该向着多元方向发展,因为美国的文明基础始终是欧洲文化和自由民主,如果自身的文明基础被销蚀,则"美国便不成其为美国"①。同时他还在担忧美国社会中白人比例的降低,甚至极其悲观地认为长此以往美国将由于自由民主意识形态的拔除而如同苏联一般走向灭亡。中国学者与亨廷顿文明理念的最大龃龉便是其将中国儒教文明与西方基督教文明相对立,而明显的政治倾向性也限制了亨廷顿的文明冲突论,让它不可能成为公正客观的文明交流理论。

(二)普世价值论并非"普遍适用"

在对亨廷顿的文明冲突论进行解读时发现,亨廷顿在宏观视野上虽然秉持着西方中心主义观点,但仍认为在全球范围内文化应是多样的而非单一的,普世主义是错误的甚至是危险的;在文明多元化的世界,相互理解、尊重并交流、融合才是发展的正确路径。但是,在当前的国际交流中,文明之间的交流也蕴含着价值内核的沟通,单一声音的充斥也让文明之间的交流变得尤为艰难。西方话语体系始终站在舆论传播的制高点,这一方面源自其强大的经济军事实力,另一方面也是媒体传播手段的高明,更重要的是西方国家始终将推广西方普世价值作为文明交流中价值输出的关键。

普世价值的建立有其思想渊源。普世价值的思想核心即"自由、平等、人权",它与资本主义相伴而生,被西方鼓吹为"普遍适用、永恒存在的价值"②。普世价值最早的思想来源是近代启蒙学者从抽象的人中概括出所谓的人之共性,马克思将这种共性表述为"只能被理解为'类',理

① 塞缪尔·亨廷顿:《文明的冲突与世界秩序的重建》,周琪、刘绯、张立平,等译,新华出版社1998年版,第368页。

② 汪亭友:《"共同价值"不是西方所谓"普世价值"》,《红旗文稿》2016年第4期。

解为一种内在的、无声的、把许多个人自然地联系起来的普遍性"①。抽象的人实际上只是一种毫无灵魂的概念空壳,并不存在现实的内容,而这种抽象的人只能构成一种抽象的社会。在抽象社会中,自由平等成为基本规则,在资本主义社会的运行思路中,它又被不断放大成人类社会的交往规则,也就逐步发展成为西方社会大力推行的普世价值。恩格斯也曾经论述过普世价值的本质:"这个永恒的理性实际上不过是恰好那时正在发展成为资产者的中等市民的理想化的知性而已。"②普世价值对于封建主义等级制度的瓦解起到了推动作用,但也正是因为普世价值脱离了其所产生发展的社会现实基础,让其逐步摆脱世俗性走向普世性,也由此走向了空想性。

2015 年,习近平总书记旗帜鲜明地指明"普世价值"的危险性,他指出:"国内外各种敌对势力,总是企图让我们党改旗易帜、改名换姓,其要害就是企图让我们丢掉对马克思主义的信仰,丢掉对社会主义、共产主义的信念。而我们有些人甚至党内有的同志却没有看清这里面暗藏的玄机,认为西方'普世价值'经过了几百年,为什么不能认同? 西方一些政治话语为什么不能借用? 接受了我们也不会有什么大的损失,为什么非要拧着来?"③他引用了《荀子·大略》中的一段话"是非疑,则度之以远事,验之以近物"来告诫我们,对于是非对错,不能只一味听从他人的论断,或者单单从感觉上来简单评判,而应该以现实的实践去验证,用公正的态度来衡量。历史事实表明普世价值并不是适合所有国家的价值观。"冷战结束以来,在西方价值观念鼓捣下,一些国家被折腾得不成样子了,有的四分五裂,有的战火纷飞,有的整天乱哄哄的。伊拉克、叙利亚、利比亚这些国家就是典型! 如果我们用西方资本主义价值体系来剪裁我们的实践,用西方资本主义评价体系来衡量我国发展,符合西方标准就

---

① 《马克思恩格斯文集》第一卷,人民出版社 2009 版年版,第 501 页。
② 《马克思恩格斯文集》第三卷,人民出版社 2009 年版,第 526 页。
③ 习近平:《在全国党校工作会议上的讲话》,《求是》2016 年第 9 期。

行,不符合西方标准就是落后的陈旧的,就要批判、攻击,那后果不堪设想! 最后要么就是跟在人家后面亦步亦趋,要么就是只有挨骂的份。"①

可以看出,西方现代文明对于普遍价值观的推崇实际上是对世界文明的多元性和文明之间平等性的一种否定。任何一种单方向的传输,只能让文明交流互鉴之路更加艰难,甚至造成不同文明形态之间的矛盾和冲突。

(三)建立全人类共同价值

2015 年,在全人类共同面临困难与挑战的现实基础上,以全人类共同利益为价值取向,习近平主席在第七十届联合国大会中提出,全人类共同价值即是"和平、发展、公平、正义、民主、自由"②。全人类共同价值是在人类命运共同体理念的基础上提出的,是对普世价值的一种超越。

共同价值具有不同于其他价值观点的独特特征。

首先,共同价值建立于全人类共同面临困难与挑战的现实基础上。马克思、恩格斯曾指出:"一切人类生存的第一个前提,也就是一切历史的第一个前提,这个前提就是:人们为了能够'创造历史',必须能够生活。"③历史是由人类所书写的,如果人类无法生存与发展,历史将变为灰烬。当前世界的主题仍是和平与发展,作为共同价值首要内容的和平也始终是人类生存与发展的前提。当前国际社会中,无论是周期性经济危机、生态危机还是局部战争,都对人类和平稳定的共同生存发展环境造成了一定程度的破坏。对于当下面临的困境,习近平总书记指出:"唯有发展,才能消除冲突的根源;唯有发展,才能保障人民的基本权利;唯有发展,才能满足人民对美好生活的热切向往。"④全人类在发展过程中始终

---

① 习近平:《在全国党校工作会议上的讲话》,《求是》2016 年第 9 期。
② 习近平:《论坚持推动构建人类命运共同体》,中央文献出版社 2018 年版,第 253 页。
③ 《马克思恩格斯文集》第一卷,人民出版社 2009 年版,第 531 页。
④ 《习近平扶贫论述摘编》,中央文献出版社 2018 年版,第 158 页。

追求公平与正义，共同价值也始终反映了全世界人民对公平正义的追求。普世价值所倡导的"公平""正义"皆是以资本为利益导向，反映的也仅仅是资产阶级的利益诉求，时刻传播着普世价值的西方国家在国际交往中却往往在不断放大社会的不公。而对于普世价值所讲求的"正义"，列宁曾指出它是可以让"其中一个集团能够占有另一个集团的劳动"①变得的合理化的制度。在全世界人民对自由与民主的价值诉求下，国际政治秩序被逐步建立起来，但随着时代的发展，又出现了各种类型的全新挑战。在新的时代环境下，"民主"让世界各国可以平等的姿态参与到国际事务中去，并可以发表自己的见解，共同解决人类难题；"自由"让世界各国可以选择适合自己国家的发展路径，同时可以博采众长，合作交流，"共同享受尊严、共同享受发展成果、共同享受安全保障"②。

其次，共同价值着眼于全人类的共同利益。与普世价值立足于"抽象的人"不同，共同价值立足于"现实的人"。马克思在《关于费尔巴哈的提纲》中曾指出："人的本质不是单个人所固有的抽象物，在其现实性上，它是一切社会关系的总和。"③在马克思之前，哲学家总是把"抽象的人"作为研究对象，将人抽离于社会关系，与社会实践割裂开来，马克思在批判"抽象的人"的同时，将人归置于现实社会中并与实践相结合。在这一阶段，马克思彻底与旧唯物主义划清界限，同时抛弃历史观上的唯心主义，提出人民群众是历史的创造者，是社会物质与精神财富的创造者。因此随着人类社会的进化发展，各类不同层面与规模的共同体建立起来以满足人类社会生存的需要。共同价值来源于这些被构建的"生存共同体"中，着眼于全人类的共同需求和利益。既然人的本质是一切社会关系的总和，因此人作为类而存在的一切生存活动都必须有现实基础的依

---

　　① 《列宁选集》第四卷，人民出版社1965年版，第10页。

　　② 《习近平总书记系列重要讲话读本》，学习出版社、人民出版社2014年版，第164页。

　　③ 《马克思恩格斯选集》第一卷，人民出版社2012年版，第139页。

托,同时每个人为了生存而进行的生产生活的方式与内容不同,也导致了人与人之间具有差异性。这些差异性随着人类历史进程演变为不同文明之间的差异,共同价值不否认也不回避这些差异,而是强调在共同交往对话中相互理解,找寻人类文明间的"最大公约数",画出价值认同的"最大同心圆"。

最后,共同价值以马克思辩证唯物主义为理论基点。第一,共同价值的研究起点始终是"现实的人",即"从事活动的,进行物质生产的,因而是在一定的物质的、不受他们任意支配的界限、前提和条件下活动着的"①人。"现实的人"与普世价值中"抽象的人"不同,他们的本质并非永恒不变的,而是受社会历史、自然环境等因素的影响,在物质生产实践的过程中不断变化着。因此"现实的人"只能产生于社会共同体中。社会共同体要想得到充分的发展,就要求全人类凝结起共同价值,因此共同价值始终是具体的而非抽象的。第二,共同价值在方法论上从辩证唯物主义出发超越了形而上学方法论。"普世价值"立足于形而上学方法论,将其价值观点看作放之四海而皆准的"真理",可以随意套用在任何国家和民族之上。辩证唯物主义则认为任何国家与民族的发展历程都具有特殊性,需要根据具体国家实际进行具体分析和安排。同时整个世界实际上是一个整体,各个国家是其中的组成部分,大家互相联系、互相影响,共同发展。共同价值也是在尊重文明差异的基础上,倡导在面对共同问题时达成共识,携手并进。第三,共同价值在历史观上摒弃了唯心主义,立足于唯物史观。在全人类共同价值的理念中,生产力进步是推动社会历史前进的唯一原动力。而历史也在人民群众的社会实践中被创造出来,因而人民群众既是"剧中人",更是"剧作者"。冷战结束后,世界人民渴望和谐稳定的发展环境,这是全人类的共同愿景,因此全人类共同价值的提出一方面是对世界人民期望的回应,另一方面也是对世界发展前景的

---

① 《马克思恩格斯文集》第一卷,人民出版社 2009 年版,第 524 页。

正确把握。

全人类共同价值承载着世界人民对未来社会的美好希望,随着全人类共同价值观念的传播与普及,各类文明之间的交往也将更加紧密,并在对话融合中凝聚起文明合力并构建起携手并进、互利共荣、休戚与共的人类命运共同体。正如英国学者马丁·雅克所讲的中国为世界发展提供了一种新的可能性,这就是让世界"摒弃丛林法则、不搞强权独霸、超越零和博弈,开辟一条合作共赢、共建共享的文明发展新道路","这是前无古人的伟大创举,也是改变世界的伟大创造"①,也必将引领世界向着更光明的方向前进。

(四)以互鉴实现文明发展

随着世界经济政治全球化的深入,以及全人类共同价值的构建,各类文明的发展走向更深层次的融合。马克思在唯物史观的基础上指明,各民族的封闭状态开始在生产方式和交往方式的变化中被瓦解,文化之间的交流让民族历史走向世界历史。尤其是资本主义的发展让人类生产方式产生了质的变化,同时世界交往愈加密切,世界市场被建立运行,文明之间相互依赖也相互制约,民族文明开始演变为世界文明,民族历史也向着世界历史转变。在此前提下,习近平总书记指出:"文明因多样而交流,因交流而互鉴,因互鉴而发展"②,形成了世界文明互鉴的新观念。与前文所论述的"文明冲突论"有极大差异,文明互鉴论以博大精深的中华传统文化为精神底色,超脱历史的局限性,从多视角、多领域来解答人类文明演进所面临的新问题。

第一,文明互鉴论实现了人类文明发展国际主义视野的开拓。在中华传统文化中始终讲求"和而不同","不同"是文明多元的客观表现,

---

① 何梦舒、谢琳、商婧:《人类命运共同体理念之光照亮世界前行之路——写在中国人民抗日战争暨世界反法西斯战争胜利 75 周年之际》,新华网,2020 年 9 月 1 日。

② 《习近平谈治国理政》第三卷,外文出版社 2020 年版。

"和"却是对于文明多样化的基本态度以及交往模式。中华文明之所以经久不衰,延绵至今,很大程度是由于其实现了文明的互鉴。在文明风险逐渐显现时,"中国世界早已是一个共通的世界了,中国社会早已是一种和谐而有秩序的社会了"①,中华民族带领人类现代文明开辟了新的发展道路。中华传统文化始终讲求文明之间和谐共处,各谋其道,这也使拥有众多民族的中国在保持民族文化独特性的同时保持了国家思想的统一性,让多元的民族文明在碰撞中交融,在交融中创新,形成中华文明大一统的格局。这种文明互鉴的思路传承至今,为世界文明相处融合开拓了新的视野。西方所提出的文明冲突论始终站在西方视角,强调文明在西方与非西方之间存在"断裂线";中华文明则与之相反,更加强调不同区域国家之间的联系。文明冲突论认为世界的冲突根源于文明的冲突,正是非西方文明试图走向世界秩序管理的中心位置,才导致当前全球范围内政治领域的冲突频发。文明互鉴论则认为矛盾与冲突需要通过对话的方式来管控,国家之间应保持平等尊重,并在此基础上消除误解,互利共赢。

第二,文明互鉴论开辟了人类文明发展的多元化路径。文明互鉴论建立于中国式现代化的发展道路之上,在文明交往领域超越了西方现代文明发展模式,让人类现代化文明不再是西方专属,开启了人类文明发展新模式。中国式现代化走出了具有中国特色、蕴含中国精神的发展道路,创造了独立自主、自立自强的现代化文明,为西方发达国家以外的国家赢得了平等发展的机会。在现代化文明类型的丰富过程中,多元文明将迎来平等发展的春天,西方文明的中心地位也将逐步被多元文明消解。同时,多元文明也将在互鉴中取长补短,弥补与完善自身现代化发展过程中出现的不足,西方的现代文明发展路径也不再是单一路径,每一种文明都将在追求自身价值的道路上走出不同的步调,人类现代文明历史也将更

---

① 钱穆:《中华文化史导论(修订本)》,商务印书馆1994年版,第218页。

加丰富多样,正如习近平总书记所讲的,"文明没有高下、优劣之分,只有特色、地域之别,只有在交流中才能融合,在融合中才能进步"①,"人类社会创造的各种文明,都闪烁着璀璨光芒,为各国现代化积蓄了厚重底蕴、赋予了鲜明特质,并跨越时空、超越国界,共同为人类社会现代化进程作出了重要贡献"②。

第三,文明互鉴论指明了人类现代文明发展的正确方向。西方现代文明在发展的过程中逐步走向一种"反向构建",一些西方学者甚至表达了对其衰落的惋惜:"我们越来越清楚我们是怎样被自己的贪婪毁灭,到后来甚至都可以用数据来证实,但就是没办法改变现状。"③因此,中国在文明互鉴过程中,一方面汲取西方现代文明的优秀成果与先进经验,另一方面则避免走向其发展弊端,跳出"西方中心主义"和霸权逻辑,开辟出与西方现代文明不同的发展方向,以和平方式走好发展之路。

三、文明互通新模式:构建人文共同体

文明的存续与发展是人类历史的永恒课题。人类文明只有在交流互鉴中才能保证多样性,才能在和谐共处中不断延续。世界文明面对来自新时代的多重挑战,只有构建起文明的共同体,才能在危机中寻求破解之道,才能实现人类文明的繁荣发展。中国作为大国,始终以推动世界文明发展为使命,习近平总书记在二十大报告中指出,要以"推动构建人类命

---

① 《习近平在中华人民共和国恢复联合国合法席位 50 周年纪念会议上的讲话(全文)》,中国政府网,https://www.gov.cn/xinwen/2021-10/25/content_5644755.htm,2021年 10 月 25 日。

② 习近平:《携手同行现代化之路——在中国共产党与世界政党高层对话上的主旨讲话》,《人民日报》2023 年 3 月 16 日。

③ 杜维明:《文化中国:扎根本土的全球思维》,北京大学出版社 2016 年版,第191 页。

运共同体,创造人类文明新形态"①为己任。以习近平同志为核心的党中央,始终立足全球视野,以全人类共同利益为出发点,为人类文明形态的飞跃贡献不竭力量。

(一)世界文明面临巨大变局挑战

经历了两次世界大战后,人类文明的赓续面临着严峻的挑战,和平与发展成为时代的主题,沟通合作成为国家之间交往的主要形式。人类命运共同体理念就此应运而生,同时在文明领域,"共同体"的构建也为各类文明形态提供了更多发展机遇。但是在顺应历史潮流的前提下,人文共同体的构建仍然被冷战思维、西方中心主义观念以及新殖民主义思想所裹挟,未能真正实现人类文明命运的休戚与共。

进入 21 世纪以来,世界各个领域都产生了巨大变革。2008 年次贷危机的爆发让世界经济发展遭遇了重创,随后欧洲主权债务危机的出现让世界经济愈加脆弱。这些困局的频频出现,也导致西方资本主义在世界格局中的主导地位不再稳定,西方文明的"世界中心"位置开始摇摇欲坠。同时强势已久的由西方主导的价值取向开始遭到质疑和批判,人们开始找寻更符合历史发展进程的价值方向。当下世界所面临的"百年未有之大变局"表面上是人类社会发展的格局性转变,深层次上却是人类文明的变局。世界在原有由西方资本主义所主导的文明秩序中已经无法解决变局之下的困境,构建人类命运共同体的人类文明新形态逐步走进人们的视野,带来应对文明危机、推进历史进程的破题之法。

近代以来人类文明受西方影响,以西方文明为主导,当前出现的文明危机从此意义上来讲实则是西方文明式微的一种表现。西方新自由主义在第二次世界大战后开始兴起,它以世界高度经济政治全球化为前提,由

① 习近平:《高举中国特色社会主义伟大旗帜　为全面建设社会主义现代化国家而团结奋斗——在中国共产党第二十次全国代表大会上的报告》,《人民日报》2022 年 10月 26 日。

发达资本主义国家主导,从哲学的视域来看,新自由主义也是一场古典自由主义理念的回归。但由于新自由主义产生时,凯恩斯主义正盛行,因而其发展并非一帆风顺。到了 20 世纪末期,随着东欧剧变苏联解体,一些国际联盟逐步建立,新自由主义迎来了发展的春天。为了在全球范围内更好地扩张新自由主义的理念,它被上升为一种意识形态,同时影响着国际政治格局,"普世价值"作为其配套价值观也横空出世,"文明冲突论"等一系列相关理论的产生也为其发展助力,因此一直到 21 世纪初,新自由主义一直保持繁荣发展的态势。但是随着 21 世纪初期开始的种种危机爆发,新自由主义发展模式下原有的国际合作框架被打破,曾经风靡一时的国际经贸合作在危机下暴露出诸多弊端。尤其在新冠疫情大范围流行后,在原有世界政治经济格局下,世界各国并未在第一时间团结一致共同抗疫,形成有效的国际合作。发生在全球治理和经济领域的困境反映出新自由主义模式下存在的问题,如霸权主义、零和博弈思维持续发酵,让本就摇摇欲坠的国际秩序更加危险,世界文明也面临危机。

恐怖主义在给全体人类带来安全危机的同时,也带来了文明的危机。直至当下,冷战的余温已逐渐退去,单边主义仍被部分国家推崇,前文所讲到的"文明冲突论"即是在这一背景下产生的,其内在逻辑仍是霸权主义思维。在这一理论的认知中,逐渐衰落的西方文明会被其他文明替代而不再是世界文明的中心,在文明发展的道路上"国强必霸"似乎成了一种必然趋势。这一论断实际上是西方视野下对于自身文明式微的焦虑和对其他文明的狭隘理解,也始终没有跳出"西方中心论"的思考范围。

"文明冲突论"指出恐怖主义是文明之间差异的纷争,更是对于西方文明的一种挑战。因此,以美国为首的西方国家对此极为重视,以至于多次发动所谓的反恐战争。但是这些战争并不全然出于安全考虑,其中隐藏着西方文明的扩张野心,掩饰着西方国家侵占中东国家利益的意图。这种战争无疑对中东国家造成了极大伤害,无数无辜之人失去家园,成为世界难民,居无定所、食不果腹,甚至流落成为恐怖主义的"兵源","反恐"反而导致了恐怖主义的增生。其次这些难民在离开家乡,迁往西方国家的过程中又带来了更多的难题,让纷争在西方文明内部持续滋生,成为源源不断又难以祛除的毒瘤。

(二)实现人类文明繁荣的新路径

人类文明面对巨大的挑战,重建秩序、恢复发展成为越来越多国家的愿景。人类文明发展的历史已经证明,"西方中心论"并不能带来文明的繁荣,人类文明渴望全新的发展形态。在这一期待下,人类命运共同体理念应运而生,并与人类文明新形态的构架紧密相连。在庆祝中国共产党成立 100 周年大会上,习近平总书记提出:"我们坚持和发展中国特色社会主义,推动物质文明、政治文明、精神文明、社会文明、生态文明协调发展,创造了中国式现代化新道路,创造了人类文明新形态。"[①]进入全球化发展以来,各种文明交织并存,有过纷争,也有过融合,共同擘画人类命运的运行轨迹。人类命运共同体的构建,即是面向全人类,构画出人类命运发展的未来,它将全人类紧密联结在一起,在文明进程中求同存异,画出最大的同心圆。人类文明新形态的产生,让文明发展的道路更加多元化,而非一元模式,凝结起"人类文明的共同体"。

文明的共同体也曾出现于人类历史长卷中,"西方文明共同体"就是在"西方中心论"的影响下产生的,但这种共同体模式仅仅适用于认同西方文明的国家。在人类面对日益增加的"不确定性"的当下,这类"共同体"显然无法赓续人类文明的繁荣使命。因此只有在人文共同体之下,才能打碎所谓的"文明优越",创造出"文明共存"的温床,让各类文明在共生中共荣。

---

① 习近平:《在庆祝中国共产党成立 100 周年大会上的讲话》,人民出版社 2021 年版,第 13—14 页。

（三）构建人文共同体的中国使命

前文论述过，中华文明具有延续性，因此直至今日，中国始终沿革着中华优秀传统文明，并从中汲取能量。习近平总书记指出："中华文明自古以来就以开放包容闻名于世，在同其他文明的交流互鉴中不断焕发新的生命力。要坚持弘扬平等、互鉴、对话、包容的文明观，以宽广胸怀理解不同文明对价值内涵的认识，尊重不同国家人民对自身发展道路的探索，以文明交流超越文明隔阂，以文明互鉴超越文明冲突，弘扬中华文明蕴含的全人类共同价值，推动构建人类命运共同体。"①这一论述清晰指明了世界各类文明之间的关系，以及中华文明中蕴含的全人类共同价值理念在人类文明共同体形成中起到的关键性作用，也阐明了中国作为文明大国，在构建人文共同体过程中，要始终担起大国责任，贡献中国智慧和中国力量。

无论是文明差异还是文明冲突，其实对于中华文明历史而言都并不陌生。在历史长河中，中华文明用平等的态度，以交流互鉴的方式化解和消除着文明之间的隔阂。当前我们所谈论的人文共同体，也正是在继承了中华优秀传统文化的基础上提出的。中华民族自古至今都渴望为世界文明平等交往搭建平台、提供机会，当今中国也将世界文明和平共处、交流延续作为历史使命。

---

① 《习近平在中央政治局第三十九次集体学习时强调　把中国文明历史研究引向深入　推动增强历史自觉坚定文化自信》，新华网，http://www.news.cn/politics/leaders/2022−05/28/c_1128692207.htm。

参考文献

一、中文著作

[1]张立文.中国传统文化与人类命运共同体[M].北京:中国人民大学出版社,2018.

[2]刘诗琪,胡必亮."一带一路"与人类命运共同体[M].北京:北京师范大学出版社,2022.

[3]苏晖阳."一带一路"青年命运共同体[M].北京:商务印书馆,2018.

[4]习近平.高举中国特色社会主义伟大旗帜为全面建设社会主义现代化国家而团结奋斗——在中国共产党第二十次全国代表大会上的报告[M].北京:人民出版社,2022.

[5]马克思恩格斯选集:第四卷[M].北京:人民出版社,1995.

[6]建党以来重要文献选编:第一册[M].北京:中央文献出版社,2011.

[7]列宁选集:第二卷[M].北京:人民出版社,2012.

[8]孙中山全集:第七卷[M].北京:中华书局,1985.

[9]汪受宽主编.富强与梦想[M].北京:中共中央党校出版社,1999.

[10]李大钊文集(上)[M].北京:人民出版社,1984.

[11] 张允侯,等编. 五四时期的社团:第 1 册[M]. 北京:生活·读书·新知三联书店,1979.

[12] 许纪霖,等. 中国现代化史:第一卷[M]. 北京:生活·读书·新知三联书店,1995.

[13] 高瑞泉编选. 向着新的理想社会——李大钊文选[M]. 上海:上海远东出版社,1995.

[14] 梁漱溟. 东西文化及其哲学[M]. 北京:商务印书馆,1999.

[15] 罗荣渠. 现代化新论[M]. 北京:北京大学出版社,1993.

[16] 毛泽东选集:第四卷[M]. 北京:人民出版社,1991.

[17] 建党以来重要文献选编(1921—1949):第四册[M]. 北京:中央文献出版社,2011:216.

[18] 毛泽东选集:第二卷[M]. 北京:人民出版社,1991.

[19] 皮明麻. 近代中国社会主义思潮觅踪[M]. 长春:吉林文史出版社,1991.

[20] 姜义华编. 社会主义学说在中国的初期传播[M]. 上海:复旦大学出版社,1994.

[21] 林代昭,潘国华编. 马克思主义在中国——从影响的传入到传播[M]. 北京:清华大学出版社,1983.

[22] 石川祯浩. 中国共产党成立史[M]. 袁广泉,译. 北京:中国社会科学出版社,2006.

[23] 瞿秋白文集:第一卷[M]. 北京:人民文学出版社,1985.

[24] 肖浩辉,等. 马克思主义中国化的理论与实践[M]. 长沙:湖南人民出版社,2001.

[25] 罗荣渠. 从"西化"到现代化[M]. 北京:北京大学出版社,1990.

[26] 王绳祖主编. 国际关系史资料选编[M]. 武汉:武汉大学出版社,1983.

[27] 吴雁南,等主编. 中国近代社会思潮:第一卷[M]. 长沙:湖南教

育出版社,1998:507.

[28] 孙中山全集:第九卷[M].北京:中华书局,1986.

[29] 毛泽东早期文稿[M].长沙:湖南出版社,1990.

[30] 习近平谈治国理政:第一卷[M].北京:外文出版社,2014.

[31] 马克思恩格斯选集:第一卷[M].北京:人民出版社,2012.

[32] 孙中山全集:第二卷[M].北京:中华书局,1982.

[33] 李富春选集[M].北京:中国计划出版社,1992.

[34] 毛泽东外交文选[M].北京:中央文献出版社,1994.

[35] 建国以来重要文献选编:第五册[M].北京:中央文献出版社,1993.

[36] 周恩来选集(下卷)[M].北京:人民出版社,1984.

[37] 邓小平年谱 1975—1997(下册)[M].北京:中央文献出版社,2004.

[38] 邓小平文选:第三卷[M].北京:人民出版社,1993.

[39] 江泽民文选:第一卷[M].北京:人民出版社,2006.

[40] 十六大以来重要文献选编(上)[M].北京:中央文献出版社,2005.

[41] 习近平谈治国理政[M].北京:外文出版社,2014.

[42] 马克思恩格斯文集:第一卷[M].北京:人民出版社,2012.

[43] 习近平新时代中国特色社会主义思想专题摘编[M].北京:中央文献出版社、党建读物出版社,2023.

[44] 马克思恩格斯全集:第一卷[M].北京:人民出版社,1956.

[45] 马克思恩格斯全集:第二卷[M].北京:人民出版社,1957.

[46] 马克思恩格斯全集:第三卷[M].北京:人民出版社,1960.

[47] 马克思恩格斯选集:第十八卷[M].北京:人民出版社,1964.

[48] 章士嵘.西方思想史[M].上海:东方出版中心,2002.

[49] 韩非子[M].上海:上海古籍出版社,2015.

[50]杨伯峻.论语译注[M].北京:中华书局,2007.

[51]习近平.论坚持推动构建人类命运共同体[M].北京:中央文献出版社,2018.

[52]习近平谈治国理政:第一卷[M].北京:外文出版社,2014.

[53]习近平谈治国理政:第二卷[M].北京:外文出版社,2017.

[54]习近平谈治国理政:第四卷[M].北京:外文出版社,2022.

[55]共产党宣言[M].北京:人民出版社,2018.

[56]杨洪源,等著,颜晓峰、杨群主编.构建命运共同体的人类文明[M].北京:社会科学文献出版社,2022.

[57]中国共产党第十九届中央委员会第六次全体会议文件汇编[M].北京:人民出版社,2021.

[58]习近平外交演讲集:第二卷[M].北京:中央文献出版社,2022.

[59]宋涛.携手构建人类命运共同体——中国共产党与世界政党高层对话文集[M].北京:当代世界出版社,2018.

[60]十七大以来重要文献选编(上)[M].北京:中央文献出版社,2009.

[61]邓小平文选:第三卷[M].北京:人民出版社,1993.

[62]但丁.论世界帝国[M].朱虹,译.北京:商务印书馆出版社,1985.

[63]叔本华.叔本华论道德与自由[M].韦启昌,译.上海:上海人民出版社,2006.

[64]卡尔·雅斯贝斯.历史的起源与目标[M].魏楚雄、俞新天,译.北京:华夏出版社,1989.

[65]斯塔夫里阿诺斯.全球通史(上)[M].北京:北京大学出版社,2006.

[66]李铮.理念·现实·路径:多维视角下的人类命运共同体构建[M].武汉:武汉大学出版社,2021.

[67]陆玉林.道德经精粹解读[M].北京:中华书局,2001.

[68]王弼.老子道德经注[M].北京:中华书局,2011.

[69]武斌.世界文明交流互鉴的中国范式[M].广州:广东人民出版社,2023.

[70]卢梭.社会契约论[M].北京:商务印书馆,1980.

[71]卢梭.论人类自由不平等的起源与基础[M].北京:商务印书馆,1962.

[72]康德.历史理性批判文集[M].北京:商务印书馆,1990.

[73]马克思恩格斯全集:第三十卷[M].北京:人民出版社,1995.

[74]马克思恩格斯全集:第四十六卷(上)[M].北京:人民出版社,1979.

[75]马克思恩格斯全集:第一卷[M].北京:人民出版社,2012.

[76]马克思恩格斯全集:第三卷[M].北京:人民出版社,1974.

[77]马克思恩格斯全集:第八卷[M].北京:人民出版社,1961.

[78]马克思恩格斯全集:第八卷[M].北京:人民出版社,1995.

[79]弗朗西斯·培根.新工具[M].许宝骙,译.北京:商务印书馆,1984.

[80]马克思恩格斯全集:第十二卷[M].北京:人民出版社,1998.

[81]塞缪尔·亨廷顿.文明的冲突与世界秩序的重建[M].周琪、刘绯、张立平,等译,北京:新华出版社,1998.

[82]马克思恩格斯文集:第一卷[M].北京:人民出版社,2009.

[83]马克思恩格斯文集:第三卷[M].北京:人民出版社,2009.

[84]习近平扶贫论述摘编[M].北京:中央文献出版社,2018.

[85]列宁选集:第四卷[M].北京:人民出版社,1965.

[86]习近平总书记系列重要讲话读本[M].北京:人民出版社,2014.

[87]习近平谈治国理政:第三卷[M].北京:外文出版社,2020.

[88]钱穆.中华文化史导论(修订本)[M].北京:北京商务印书馆,1994.

[89]杜维明.文化中国:扎根本土的全球思维[M].北京:北京大学出版社,2016.

[90]习近平.在庆祝中国共产党成立100周年大会上的讲话[M].北京:人民出版社,2021.

二、外文著作

[1]BACHRACH P, BARATZ M S. Power and Poverty[M]. New York: Oxford University Press,1970.

[2]Bernd Marin, Renate Mayntz. Policy Networks:Empirical Evidence and Theoretical Considerations[M] . Colorado:West-view Press,1991.

三、中文论文期刊

[1]吴润生,杨长湧.在合作共赢中推动构建人类命运共同体[J].中国发展观察,2018(9):16-19+34.

[2]夏金梅,李思远.海外学者对人类命运共同体理念的多维解读[J].理论月刊,2024(1):31-44.

[3]王瀚.应加强竞争政策和知识产权的国际协调合作[J].WTO经济导刊,2018(4):60-61.

[4]刘冰,王瀚."一带一路"国际贸易便利化法律机制的现状、评价与发展路径[J].宁夏社会科学,2019(1):40-48.

[5]于洪君.新时代中国特色大国外交的指导思想和总体布局[J].公关世界,2018(7):46-51.

[6]罗建波.中国能为全球话语体系建设贡献什么[J].当代世界,2016(10):30-33.

[7]杜利娜,李包庚.从"自由人联合体"到"人类命运共同体"——

重读《共产党宣言》[J].苏州大学学报(哲学社会科学版),2018,39(4):21-27.

[8]石云霞.马克思社会共同体思想及其发展[J].中国特色社会主义研究,2016(1):23-28.

[9]刘同舫.人类命运共同体文化构建的"母体"资源[J].山东社会科学,2024(1):5-12.

[10]李雅男.人类命运共同体思想的中华优秀传统文化根源探究[J].世纪桥,2023(12):70-72.

[11]周力.人类命运共同体话语下的人权促进与保障:中国的理念与经验[J].人权,2017(2):12-18.

[12]陈曙光.培育多元主体共同参与社会治理[J].法制博览,2016(30):106-107.

[13]薛力.人类命运共同体:世界治理新方案[J].党建,2017(4):62-64.

[14]陈立军.从人类文明演进看人类命运共同体的生成逻辑[J].山东干部函授大学学报(理论学习),2020(6):24-28.

[15]金应忠.从"和文化"到新型国际关系理念——兼论人类命运共同体意识[J].社会科学,2015(11):18-33.

[16]张永红,殷文贵.论"人类命运共同体"对"霸权"与"均势"的超越[J].湖南工业大学学报(社会科学版),2017,22(3):74-79.

[17]王欣,高庆涛.关于人类命运共同体理念探微[J].思想理论教育导刊,2016(9):107-110.

[18]冯起国.人类文明新形态的共同体叙事[J].河池学院学报,2022,42(6):113-118.

[19]曲星.人类命运共同体的价值观基础[J].求是,2013(4):53-55.

[20]徐艳玲,李聪."人类命运共同体"价值意蕴的三重维度[J].科

学社会主义,2016(3):108-113.

[21]董德福,苏雨."中国梦"与"世界梦"的相通与双赢——基于"人类命运共同体"理念的分析[J].江苏大学学报(社会科学版),2018,20(3):1-6.

[22]郝立新,周康林.构建人类命运共同体——全球治理的中国方案[J].马克思主义与现实,2017(6):1-7.

[23]丛占修.人类命运共同体:历史、现实与意蕴[J].理论与改革,2016(3):1-5.

[24]党锐锋,李斌.构建人类命运共同体理念对于创造人类文明新形态的原创性贡献和方法论启示[J].宁夏社会科学,2022(3):30-37.

[25]刘传春.人类命运共同体内涵的质疑、争鸣与科学认识[J].毛泽东邓小平理论研究,2015(11):85-90+92.

[26]石云霞.习近平人类命运共同体思想科学体系研究[J].中国特色社会主义研究,2018(2):18-24.

[27]明浩."一带一路"与"人类命运共同体"[J].中央民族大学学报(哲学社会科学版),2015,42(6):23-30.

[28]陈向阳.以"人类命运共同体"引领世界秩序重塑[J].当代世界,2016(5):18-21.

[29]于洪君.树立人类命运共同体意识 推动中国与世界良性互动[J].当代世界,2013(12):12-13.

[30]叶小文.人类命运共同体的文化共识[J].新疆师范大学学报(哲学社会科学版),2016,37(3):1-5+7.

[31]栾淳钰,付洪.儒家"五常"视角下"命运共同体"的构筑[J].广西社会科学,2016(3):188-192.

[32]张华波,邓淑华.马克思发展共同体思想对构建人类命运共同体的启示[J].马克思主义研究,2017(11):29-37.

[33]项久雨,胡庆有.论中国化马克思主义的国际传播策略[J].思

想理论教育,2016(3):28-34.

[34]丛斌.让共同体意识为全面深化改革铸魂[J].中央社会主义学院学报,2016(1):95-98.

[35]宋婧琳,张华波.国外学者对"人类命运共同体"的研究综述[J].当代世界与社会主义,2017(5):198-208.

[36]习近平.携手同行现代化之路——在中国共产党与世界政党高层对话会上的主旨讲话[N].人民日报,2023-3-16.

[37]中国国务院新闻办公室.中国为构建美好世界描绘宏伟蓝图[J].光明日报,2023-10-3.

[38]于洋.人类命运共同体理念的建构历程及理论价值.西北师大学报(社会科学版)[J].2024,61(2):14-22.

[39]苏国勋.从社会学视角看"文明冲突论".社会观察[J].2004(8):45.

[48]习近平.中国是合作共赢倡导者践行者[N].人民日报.2012-12-6.

[49]习近平.为我国发展争取良好周边环境 推动我国发展更多惠及周边国家[N].人民日报.2013-10-26.

[50]习近平.二〇一七年新年贺词[N].人民日报.2017-1-1.

[51]唤元,秦龙.人类命运共同体:理论溯源、价值意蕴、国际影响.广西社会科学[J].2018(7):43-48.

[52]习近平.推动全球治理体制更加公正更加合理,为我国发展和世界和平创造有利条件[N].人民日报.2015-10-14.

[53]王泽应.论马克思恩格斯义利学说的性质和基本特征[J].社会主义研究,2008(4):21-26.

[54]何建华.正义是树立社会秩序的基础——亚里士多德制度伦理思想初探[J].复旦学报社科版,2002(3)108-111+140.

[55]习近平.携手迎接挑战,合作开创未来——在博鳌亚洲论坛

2022 年年会开幕式上的主旨演讲[N].光明日报,2022(02).

[56]申林.城邦安全与文明安全视角下的柏拉图哲学王统治理论[J].国际关系学院学报,2011(4)1-6.

[57]习近平.中国共产党第十九次全国代表大会在京开幕习近平向大会作报告[N].光明日报,2017.

[58]习近平.习近平会见美国国防部长马蒂斯[N].人民日报,2018.

[59]李双套.文明立场范式批判与建设中华民族现代文明[J].浙江学刊,2023(5):48-55+2.

[60]"诠释老中守望相助、共同抗疫的生动实践"(患难见真情 共同抗疫情)——访老挝人民革命党中央对外联络部部长顺通[N].人民日报,2020.

[61]习近平.全面贯彻落实党的十八大精神要突出抓好六个方面工作[J].求是,2013(1):3-7.

[62]习近平.携手建设更加美好的世界[N].光明日报,2017.

[63]习近平.共创中韩合作美好未来,同襄亚洲振兴繁荣伟业[N].人民日报,2014-7-5.

[64]习近平.文明交流互鉴是推动人类文明进步和世界和平发展的重要动力[J].求是,2019(9).

[65]习近平.携手构建合作共赢新伙伴 同心打造人类命运共同体——在第七十届联合国大会一般性辩论时的讲话[N].人民日报,2015-9-29.

[66]习近平在文化传承发展座谈会上强调担负起新的文化使命努力建设中华民族现代文明[N].人民日报,2023-6-3.

[67]汪亭友."共同价值"不是西方所谓"普世价值"[J].红旗文稿,2016(4):8-10.

[68]习近平.在全国党校工作会议上的讲话[J].求是,2015(9).

[69]习近平.携手同行现代化之路——在中国共产党与世界政党高

层对话上的主旨讲话[N].人民日报,2023-3-6.

[70]习近平.高举中国特色社会主义伟大旗帜为全面建设社会主义现代化国家而团结奋斗——在中国共产党第二十次全国代表大会上的报告[N].人民日报,2022-10-26.

[71]林水波,陈志玮.政策失灵与责任归属[C],载于余致力,郭昱莹,陈敦源.公共政策分析的理论与实务.台北:台北韦伯文化事业出版社.2001:31-61.

[72]任思奇.中国特色社会主义文明交往理论研究[D].四川:电子科技大学,2017.

[73]王经洲.当代中国弱势群体在公共政策制定中的利益表达渠道与利益采纳机制研究[D].陕西:西北大学,2005.

[74]王金霞.河北与中国教育早期现代化[D].河北大学,2006.

四、外文论文

[1]Jeanne Hoffman. China´s search for the future: A genealogical approach[J]. Futures,2013(54):53-67.

[2]Peter Ferdinand. Foreign Policy Convergence in Pacific Asia: The Evidence from Voting in the UN General Assembly[J]. The British Journal of Politics and International Relations,2014,(16):662-679.

[3]Niv Horesh. Breaking with the Past: The Maritime Customs Service and the Global Origins of Modernity in China[J]. The Journal of Asian Studies,2016(75):823-825.

[4]Stephanie E. Hampton,Carly A. Strasser,et al. Big Data and theFuture of Ecology[J]. Frontiers in Ecology and the Environment,2013(11):156-162.

[5]Ling Chen, Barry Naughton. An institutionalized policy – making mechanism: China's return to techno-industrial policy[J]. Research Policy,

2016（45）：2138-2152.

［6］Christine R. Guluzian. Making Inroads：China's New Silk RoadIni-tiative［J］. Cato Journal,2017（3）:135-147.

［7］Ephraim Abele Kayembe. The 21st Century Maritime Silk Roadand China's Engagement with Asean：Is It China's Shift fromUse of Hard Power to Strategic Smart Power with Chinese Characteristics？［J］. IOSR Journal of Humanities and SocialScience,2017（22）:45-52.

［8］Alejandro Nuñez-Jimenez,Christof Knoeri,Fabian Rottmann,Volker H. Hoffmann. The role of responsiveness in deployment policies：A quantita-tive，cross-country assessment using agent-based modelling［J］. Applied En-ergy,2020:1-15.

［9］Bardach, Eugene. The Implementation Game：What Happens after a Bill Becomes a Law［J］. MIT Press,1979:141.

五、电子资源

［1］中国政府网.把握时代潮流 缔造光明未来——在金砖国家工商论坛开幕式上的主旨演讲［R/OL］. http://bn. mofcom. gov. cn/article/jmxw/202206/20220603321323. shtml.

［2］中国政府网.让多边主义的火炬照亮人类前行之路——在世界经济论坛"达沃斯议程"对话会上的特别致辞［R/OL］. （2021）https://www. gov. cn/gongbao/content/2021/content_5585225. htm.

［3］人民网. 不忘初心 砥砺前行 开启上海合作组织发展新征程——在上海合作组织成员国元首理事会第二十一次会议上的讲话［R/OL］. （2021）http://paper. people. com. cn/rmrb/html/2021 - 09/18/nw. D110000renmrb_20210918_1-02. htm.

［4］中国政府网. 中国的和平发展［R/OL］. https://www. gov. cn/jrzg/2011-09/06/content_1941204. htm.

[5]中央政府门户网站.习近平出席第二届世界互联网大会开幕式并发表主旨演讲[R/OL].（2015）https://www.gov.cn/xinwen/2015－12/16/content_5024700.htm.

[6]新华网.人类命运共同体理念之光照亮世界前行之路——写在中国人民抗日战争暨世界反法西斯战争胜利75周年之际[R/OL].（2020）

[7]中国政府网.习近平在中华人民共和国恢复联合国合法席位50周年纪念会议上的讲话(全文)[R/OL].（2021）

[8]新华网.习近平在中央政治局第三十九次集体学习时强调 把中国文明历史研究引向深入 推动增强历史自觉坚定文化自信[R/OL].（2022）http://www.news.cn/politics/leaders/2022－05/28/c_1128692207.htm.

后 记

文明因交流而多彩,文明因互鉴而丰富。交流互鉴是推动人类文明进步和世界和平发展的重要动力。在人类命运共同体的构建中,只有始终坚持不同文明的兼容并蓄与交流互鉴,才能以更加和平有效的方式规避文明冲突可能带来的灾难。

共同体是人类生存的基本方式。2013年习近平在莫斯科国际关系学院发表演讲时首次提出构建人类命运共同体这一理念。这一理念超越了阶级与意识形态等各方面的限制,将人类重新构化并合为一体。习近平总书记站在人类历史发展的高度,以长远的历史眼光和博大的天下情怀,对人类的前途命运进行了深入思考。之后这一理念不断发展成熟,中国也始终以此为指引,与世界各国携手并进,为创造更加繁荣美好的未来不断作出新的贡献。

本书在撰写过程中总结吸收了诸多国内外相关研究成果,从历史的角度对人类文明的变革与发展进行了概括,同时追溯了人类命运共同体理念的构建历程。重点对构建人类命运共同体理念的文明意蕴进行了分析,对当下人类文明的发展方向、人类文明的时代责任以及人类文明的前途命运进行了阐述。突出强调了在当前背景下,构建文明互鉴的人文共同体的价值意义。

文明互鉴理念随着人类文明的发展而逐步形成。对于中华传统文化而言,文明的交流互鉴起到了极其重要的传播与延续作用。在西方文明的发展历程中,交流互鉴同样使其获得了飞跃性成就。马克思、恩格斯在对文明观的思考中形成了一系列思想观点,并认可文明交流互鉴对人类社会的意义。进入新时代,人类文明面对的挑战愈发严峻,曾经的文明秩序不再符合世界人民对于发展的期望,人类渴望塑造全新的发展形态。因此构建"人类文明的共同体"逐步成为各类文明共生共荣的有效选择,而中国作为世界文明大国,始终站在人类文化交流的前沿,在新时期更要担起时代之责,肩负起历史使命,为世界文明的融合互鉴提供更多机会。

本书历经几次修改打磨,终于即将付梓。而在此时,我也想对帮助过我的领导、老师、同事、家人以及伙伴表示感谢。

首先感谢我所工作的单位中共天津市滨海新区委员会党校。感谢区委党校常务副校长杨立东同志、副校长吴明聚同志和教研一室主任车剑锋同志。各位领导不仅为我提供了良好的科研环境,还给予了我精神上的鼓励,本书能够顺利完成离不开诸位领导的支持与帮助。

感谢我的授业恩师沈文玮教授。沈老师既是良师更是益友,她深厚的理论基础、严谨的治学态度让我受益匪浅。虽然我已毕业多年,但仍然谨记沈老师的谆谆教诲。同时在本书写作遇到难题时,也是沈老师为我提供了科学的指导。

感谢课题组的所有成员,他们是天津大学马克思主义学院杨卫芳老师、中共天津市滨海新区委员会党校赵亚普、赵莹老师,以及天津职业技术师范大学李丹老师。杨卫芳老师既是我的同窗好友又是我的科研伙伴。从课题的选题到框架的构建再到内容的把握,杨老师给予我诸多帮助。每当我在写作上遇到瓶颈时,都是杨老师与我共同探讨、为我拨开迷雾。感谢李丹老师在文献梳理中作出的贡献。感谢赵亚普和赵莹两位老师,在书稿审阅、文献校对等工作中作出了贡献。

感谢我的父母和爱人,没有他们的包容、体谅和帮助,我将无法顺利完成书稿的撰写。感谢我的父母始终以最朴实的行动支持着我的工作和生活,在我失意彷徨时给予鼓励,让我时刻感受到来自家人的温暖与慰藉。感谢我的丈夫始终伴我左右,负担了更多的家中事务,让我能够集中精力进行写作。

最后,感谢所有关心、鼓励和帮助过我的人。路漫漫其修远兮,吾将上下而求索。在未来的科研之路上,我将再接再厉,以期有更多收获。

2024 年 8 月